Psychologie

Titel der Originalausgabe: *The Bedside Book of Psychology*

Postbus 72, 5330 AB Kerkdriel, Niederlande

Herausgeber: James Evans
Layout und Illustration von Matt Windsor

Aus dem Englischen übersetzt von
Anne Döbel, Aurich

Redaktion der deutschsprachigen Ausgabe:
Anika Seemann, Emden

Satz und Koordination der deutschsprachigen Ausgabe
iMport/eXport, Emden

Printed in Singapore

ISBN: 978-94-6359-569-8

FSC www.fsc.org
MIX
Papier aus verantwortungsvollen Quellen
FSC® C016973

Psychologie

Von der Wahrnehmung bis zur Persönlichkeit:
Eine Abenteuerreise durch die
menschliche Psyche

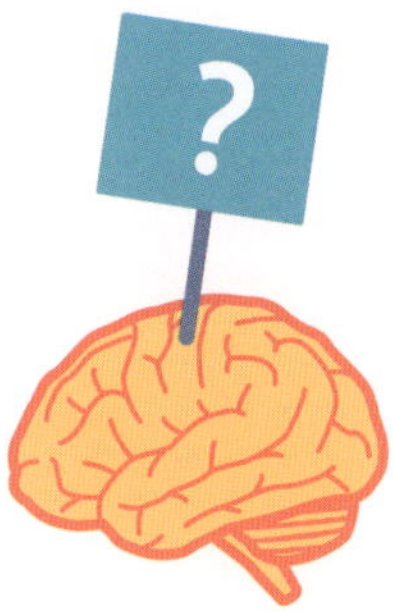

CHRISTIAN JARRETT
JOANNAH GINSBURG

Librero

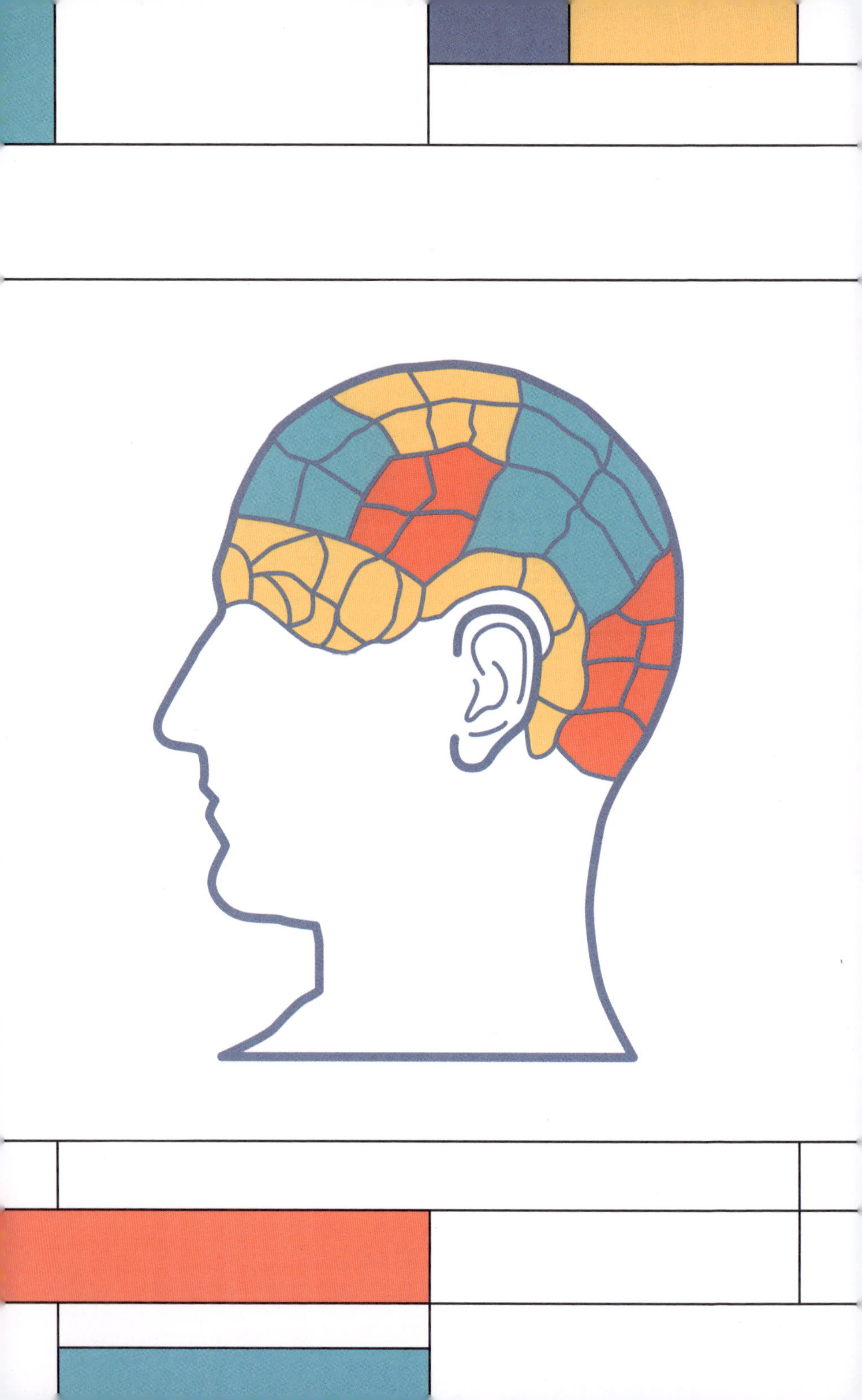

Inhalt

Was ist Psychologie?

Vor allem besteht Psychologie nicht aus Gedankenlesen und ist nicht einfach Ausdruck gesunden Menschenverstands, auch befasst sie sich nicht ausschließlich mit der Behandlung von psychisch erkrankten Menschen oder mit der Körpersprache. Die Psychologie widmet sich der Erforschung des Geistes und des Verhaltens, ihre Anwendungsgebiete werden immer ausgedehnter.

Bereits in den Anfängen der antiken Zivilisationen in China, Indien, Ägypten und Griechenland beschäftigten sich die großen Denker mit den Fragen nach dem menschlichen Wesen und Verhalten. Die wissenschaftliche Annäherung an diese Fragen ist relativ jung und begründete die Geburt der Psychologie (wörtlich: Seelenkunde, von den griechischen Wörtern *psyche* = Seele oder Geist und *logos* = Rede oder Lehre).

Ein wissenschaftlicher Ansatz verlangt das Formulieren von Prognosen, es folgen Beobachtung und Beweisführung, bevor der ganze Prozess schließlich zur Sicherheit erneut durchlaufen wird. Bestätigung, Kontrolle, Verlässlichkeit, zählen, beobachten, erklären – in erster Linie geht es darum.

Jeder kann Vermutungen über das menschliche Verhalten anstellen, wie: „Lächeln macht glücklicher." Aber nur Psychologen untersuchen solch eine Behauptung sorgfältig und präzise anhand von Experimenten. Sie engagieren Testpersonen und suchen nach einer Methode, Stimmungen messbar zu machen. Sie erwägen mögliche „Verwirrungen", ob zum Beispiel möglicherweise jede Art von Gesichtsmuskeltraining die Stimmung hebt. Psychologen lassen nichts außer Acht. Sie untersuchen nicht nur das Lächeln, sondern auch, welche Auswirkungen Stirnrunzeln und Kauen haben.

Wilhelm Wundt war vermutlich der Erste, der geistige Prozesse wissenschaftlich untersuchte. Er gründete 1879 das erste Psychologie-Labor am Leipziger Institut für Experimentelle Psychologie. Wundt wollte das Bewusstsein in seine Bestandteile gliedern, ein Unterfangen, das als Strukturalismus bekannt wurde. Wundts Ansatz brachte Präzision in das Studium des Geistes. Da er aber die als subjektiv eingestufte Technik der Selbstwahrnehmung einsetzte, gilt seine Forschung heute nicht mehr als wissenschaftlich.

Dem darauffolgenden Jahrhundert entsprang das Feld der Verhaltensforschung, in der es so streng wissenschaftlich wie möglich zugehen sollte. Ihr amerikanischer Begründer, John Watson, und ihre späteren Verfechter, unter ihnen B. F. Skinner, vertraten die Auffassung, dass die Psychologie nur dann als Wissenschaft betrachtet werden konnte, wenn sie sich ausschließlich auf beobachtbares Verhalten stützte. Ihr Einfluss reichte so weit, dass sich erst Mitte des 20. Jahrhunderts experimentelle Psychologen wieder den geistigen Prozessen zuwandten, inspiriert durch die Entwicklungen auf dem Computersektor.

Gebiete der Psychologie

Die Sozialpsychologie soll Erkenntnisse über den Umgang der Menschen untereinander bringen. Sie behandelt Themen wie Gruppenprozesse, Vorurteile und Scham. Die Entwicklungspsychologie beschäftigt sich hauptsächlich mit den Lern- und Reifeprozessen von Babys und Kindern, untersucht aber auch, wie wir uns im Laufe eines Lebens verändern.

In der Erkenntnispsychologie wird die Verarbeitung von Informationen unter die Lupe genommen: wie wir die Welt wahrnehmen, uns in ihr bewegen, unsere Erinnerungen an sie und wie wir über sie reden. Neuropsychologen untersuchen, wie sich Gehirnschäden auf diese geistigen Fähigkeiten auswirken. Die Vergleichende Psychologie betrachtet Verhaltensweisen der Tiere und setzt unsere eigenen Mätzchen in einen evolutionären Kontext. In der Biologischen Psychologie wird darüber geforscht, wie unsere Körper unser Verhalten bestimmen, einschließlich Schlaf- und Stressmuster. Die Arbeitspsychologie untersucht unser Arbeitsverhalten, während die Gesundheitspsychologie durchleuchtet, wie wir auf Krankheit reagieren. Es gibt die Forschung nach individuellen Unterschieden, die sich auf Persönlichkeit und Intelligenz sowie darauf konzentriert, was uns voneinander unterscheidet.

Natürlich studieren viele Psychologen auch die geistigen Zustände, einschließlich Depression, Angst und Bewusstseinsstörungen, und sie bewerten die Wirksamkeit psychologischer Behandlungen. Auch gibt es neuere Felder der Psychologie, einschließlich der Umweltpsychologie, die sich mit den Auswirkungen der Umwelt auf unser Verhalten befasst und anders herum. Die Parapsychologie untersucht außergewöhnliche Erfahrungen und die Kriminalpsychologie kümmert sich um Erkenntnisse im Verhalten von Kriminellen, aber auch der Geschworenen sowie um polizeiliche Verfahrensweisen.

Zu den neuesten Fachrichtungen zählt die Positive Psychologie, die mit demselben Eifer menschliches Wachstum und Erfolg untersucht, der früher auf das menschliche Elend und Leid angewandt wurde.

Moderne Techniken in der Psychologie

Einiges hat sich im Laufe der Jahre nicht verändert. Ungeschlagen ist noch immer die direkte Frage, wie es jemandem geht oder was jemand über eine Sache denkt. Psychologen verwenden dafür sorgfältig ausgearbeitete Fragebögen und strukturierte Interviews. Die vielleicht größte Veränderung in der psychologischen Forschung der letzten zwanzig Jahre hat die Erfindung von bildgebenden Techniken wie der Magnetresonanz-Tomografie (MRT) und Positronen-Emissions-Tomografie (PET) gebracht.

Sie ermöglichen zwar auch keine direkte Messung menschlicher Gedanken, wie manchmal behauptet wird, aber sie gewähren einen Einblick in die biologische Arbeitsweise des Geistes. Eine weitere ziemlich neue Technik ist die Transkranielle Magnetstimulation (TMS), mit der Psychologen eine bestimmte Region eines gesunden Gehirns lahmlegen und so eine sogenannte „virtuelle" Verletzung herbeiführen können.

Anwendungsarten der Psychologie

Während die psychologische Forschung stetig weiter ermittelt, wie wir funktionieren, haben viele Psychologen mit diesen Erkenntnissen die Mission, unsere Gesellschaft zu verbessern. Klinische und beratende Psychologen stützen sich auf bewiesene Therapiemethoden, um Menschen mit psychischen Problemen zu helfen.

Wirtschaftspsychologen unterstützen Unternehmen darin, sowohl die Produktivität als auch die Arbeitsmoral zu steigern. Forensische Psychologen rehabilitieren Straftäter und stehen der Polizei beratend zur Seite. Schulpsychologen helfen Schulkindern, besonders denen mit Lernschwierigkeiten. Sportpsychologen arbeiten mit Mannschaften und Athleten daran, ihre Höchstleistungen zu erreichen. Gesundheitspsychologen kümmern sich um erkrankte Menschen und beraten hinsichtlich Gesundheitspflege und Unterstützung. Schnallen Sie sich an und lehnen Sie sich entspannt zurück – Sie erleben nun eine Achterbahnfahrt durch die Populärpsychologie.

Wahrnehmung und Handlung zeigt uns, wie unsere Sinne uns durch die Welt lotsen und wie unser Gehirn durch Illusionen zu Fehlleistungen verleitet werden kann.

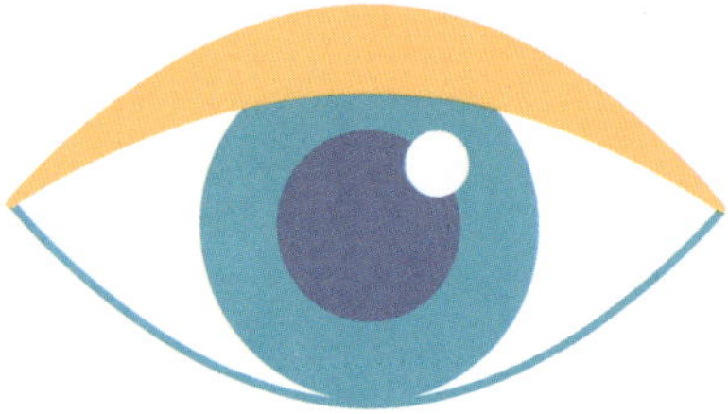

Erinnerung nimmt uns mit auf eine Reise durch unsere geistigen Archive, gibt Tipps zur Leistungssteigerung der Merkfähigkeit und stellt neuere Forschungsbemühungen vor, schlechte Erinnerungen zu löschen.

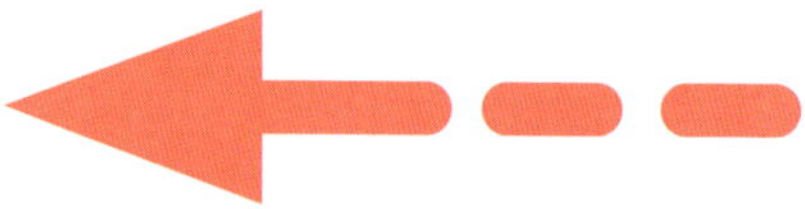

Erkenntnis befasst sich mit Ihrem Geist und zeigt Ihnen, dass Sie längst nicht so rational sind, wie Sie annehmen. Außerdem werfen wir einen Blick auf Sprach- und Rechenprobleme.

Affekt könnte mit einem Blick auf tierische Instinkte und Persönlichkeitsmerkmale Ihre Vorstellungen vom menschlichen Verhalten und der Kommunikation erschüttern.

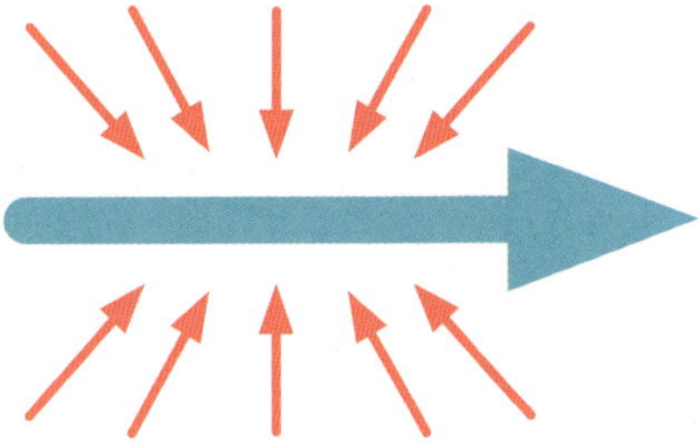

Das Soziale Selbst zeigt uns als soziale Wesen, gibt einen Überblick über Erkenntnisse aus der Beziehungsforschung und nimmt Führerschaft und Brainstorming unter die Lupe.

Persönlichkeit stellt Sie in den Mittelpunkt. Lernen Sie sich anhand der verschiedenen Tests besser kennen.

Stress und Angst behandelt die seltsam anmutenden Arten, auf die Gehirn und Körper auf besonders intensive oder traumatische Situationen reagieren.

Schlaf taucht ein in die faszinierende und komplizierte Beziehung zwischen Geist und Körper. Wir erfahren, was wir durch unsere Träume über uns selbst lernen können und erklärt Phänomene wie Schlafwandeln und Narkolepsie. Außerdem gibt es Tipps, wie man seinem träumenden Selbst näher kommt und zu besserem Schlaf findet.

In den Kapiteln finden Sie kurze Anmerkungen zu den wichtigsten Psychologen für die jeweilige Sparte. Am Ende finden Sie einen praktischen Index von bedeutenden Psychologen, die im Buch erwähnt werden, und eine ausgesuchte Bibliographie der Hauptwerke, aus denen wir zitieren.

Kapitel 1

Wahrnehmung und Handlung

Unsere sensorischen Kanäle senden einen gewaltigen Datenstrom an das Gehirn, das im Grunde eine biologische Maschine zur Datenverarbeitung ist. Dieses Kapitel behandelt Sehen, Hören und Fühlen. Es erläutert, wie das Gehirn Informationen verarbeitet und bewertet, welche Handlung sinnvoll ist. Aber nicht immer ist alles so, wie es scheint, manchmal ist es Illusion.

Sehen

Wir erfreuen uns an der Fülle von visuellen Eindrücken, unterschätzen dabei aber leicht die komplexen Prozesse, die zum Sehen nötig sind. Zuerst treffen Lichtstrahlen auf fotorezeptive Zellen im hinteren Teil unserer Augen, der Retina, und werden in neuronale Signale umgewandelt. Der Sehnerv überträgt die optischen Informationen an eine Schaltstation, das Corpus geniculatum laterale, von wo aus sie an die Sehrinde weitergeschickt werden, die einen großen Teil des hinteren Gehirns besetzt. Kurios bei dieser Transmission ist, dass die linke Gehirnhälfte dabei für die rechte Körperhälfte zuständig ist und umgekehrt.

Die Wissenschaft des Sehens

Hinter dem ersten Teil des optischen Kortex (Sehrinde), primäre Sehrinde oder V1 genannt, teilt sich die Verarbeitung optischer Informationen in zwei Ströme auf: Handlung oder Erkenntnis. Man fand dies durch Patienten heraus, deren Fähigkeiten auf einem dieser Sektoren beschädigt waren. Die Psychologen David Milner und Melvyn Goodale beschrieben den Fall ihrer Patientin D.F., deren „Erkenntnis-" Strom nicht funktionierte. Sie war nicht in der Lage anzugeben, nach welcher Seite sich die Klappe eines Postkastens öffnete, dennoch konnte sie ihn korrekt bedienen, um ihren Brief einzuwerfen.

Die lichtempfindlichen Zellen der Retina konzentrieren sich zur Mitte hin in einer Zone, die Fovea genannt wird. Wir müssen unsere Augen unter anderem deshalb bewegen, damit wir Objekte in den Fokus dieser Präzisionszone bringen.

Die Retinazellen teilen sich in zwei Gruppen: Stäbchen zu Erkennung von Grauschattierungen bei schwachem Licht und Zäpfchen für die Farberkennung. Stäbchen finden sich eher am äußeren Rand der Retina, weswegen es in der Dämmerung leichter ist, Dinge zu erkennen, die man seitlich anvisiert statt geradeaus.

Augenbewegungen

Unsere häufigsten Augenbewegungen heißen Sakkaden. So nennt man die ruckartigen, hüpfenden Bewegungen wie zum Beispiel beim Lesen. Nur wenige wissen, dass unsere Sicht dabei kurzzeitig abgeschaltet wird. So kann bei den Tausenden dieser Bewegungen, die wir täglich machen, eine kurze optische Pause eingelegt werden. Die Augenbewegungen dauern gewöhnlich nicht einmal ein Viertel einer Sekunde, so nehmen wir sie nicht wahr, aber es gibt eine Illusion, den Effekt der angehaltenen Uhr, den Fachleute gerne als Beweis für die kurze Sehunterbrechung anführen.

EIN SPIEL FÜR SIE: DER EFFEKT DER ANGEHALTENEN UHR

Suchen Sie sich eine Uhr – am besten eine altmodische mit Zeigern, sofern sie nicht tickt. Eine digitale, die Sekunden anzeigt, ist auch geeignet. Nun legen Sie die Uhr so zur Seite, dass Sie die Augen bewegen müssen, um sie zu sehen und betrachten den Sekundenzeiger (oder die Ziffern). Manchmal braucht es mehrere Versuche, aber dann wird Ihnen auffallen, dass der Sekundenzeiger zu langsam unterwegs ist, fast, als hätte die Uhr kurz still gestanden.

Eine Erklärung dafür ist, dass das Gehirn versucht, den kurzzeitigen Sehverlust dadurch zu kompensieren, dass es zurückrechnet, wie lange ein Objekt zur aktuellen Position gebraucht hat. Solange es sich dabei um einen leblosen Gegenstand handelt, etwa ein Buch, funktioniert das prima. Es kann aber seltsam anmuten, wenn man auf einen bewegten Sekundenzeiger schaut, von dem man weiß, dass er nicht so lange auf einer Position verharrt.

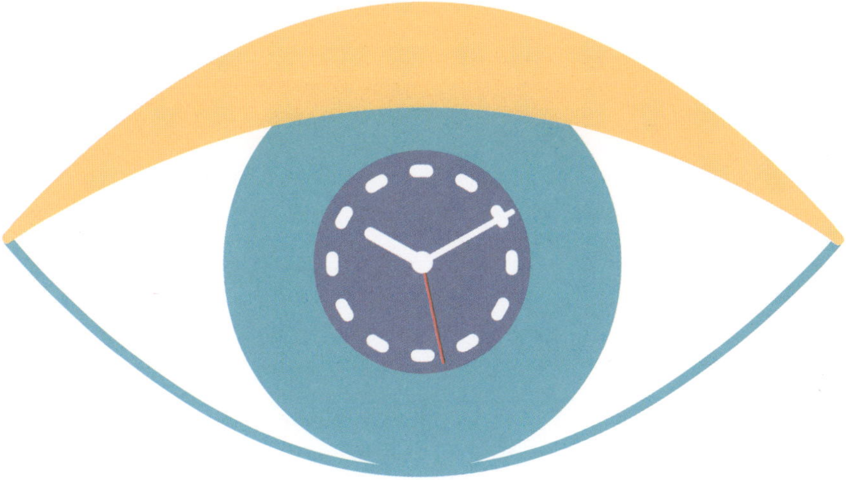

Bewegte Dinge

Für uns ist es überlebenswichtig, Bewegungen zu erfassen. In der offenen Steppe hätte es uns nicht allzu lange gegeben, hätten wir nicht einen auf uns zurasenden Löwen oder unsere flüchtende Mahlzeit erkannt.

Was ist Bewegung?

Im Grunde bedeutet Bewegung die Veränderung der Position, die wir erkennen, wenn das Abbild eines Objekts oder Tieres über die Retinazellen zieht. Jedoch sind eine Menge komplizierter Berechnungen nötig, damit wir Bewegungen erfassen, da wir unsere eigenen Bewegungen einbeziehen müssen, sowohl die unseres ganzen Körpers in der Umgebung als auch die unserer Augen. Normalerweise wird der Befehl für eine Augenbewegung kopiert und dazu benutzt, jede weitere Bewegung von Bildern über die Retina auszugleichen. Wenn Sie aber eines Ihrer Augen durch sanften Druck mit einem Finger bewegen, werden Sie feststellen, dass sich die Welt zu bewegen scheint. Das rührt von der externen Führung des Auges durch Ihren Finger her, es gab also keinen internen Befehl zum Bewegen des Auges, der ausgeglichen werden musste.

Bewegungsblindheit

Im Jahr 1983 beschrieb Josef Zihl den Fall einer 43-jährigen Frau, kurz L.M. genannt, die die Fähigkeit verloren hatte, Bewegungen zu erkennen (bekannt als Akinetopsie), nachdem beide ihrer Gehirnhälften durch Schlaganfälle geschädigt waren. Ihre Beeinträchtigung war unglaublich speziell, sie erkannte noch Dinge und Wörter wieder und erfasste auch die Bewegung von Klängen durch Raum oder auch, wie ein Gegenstand an ihrem Arm hoch- und runterglitt.

Ihre Geschichte führt uns vor Augen, wie wichtig es ist, Bewegungen zu sehen. L.M. konnte sich kein Getränk mehr einschenken, da die Flüssigkeit mitten in der Luft wie gefroren stehenzubleiben schien, das Überqueren einer Straße war außerordentlich gefährlich. Die selektive Beeinträchtigung belegt, dass visuelle Bewegungen in einem spezialisierten Teil des Gehirns verarbeitet werden. Moderne Techniken haben gezeigt, dass bei L.M. ein Teil des Gehirns, auf den sich Psychologen als mediotemporalen Kortex V5 beziehen und der am Knotenpunkt der Parietal-, Occipital- und Temporallappen liegt, beschädigt wurde.

Die Wasserfalltäuschung

Es gibt eine Reihe lustiger Illusionen, die die unterschiedlichen Aspekte in der Bewegungserkennung aufdecken. Die vielleicht älteste und bekannteste ist die sogenannte Wasserfalltäuschung. Wenn Ihnen gerade kein Wasserfall zur Verfügung steht, suchen Sie sich etwas Großes, das sich beständig in dieselbe Richtung bewegt, wie ein Gepäckkarussell oder einen Fluss. Blicken Sie gute 30 Sekunden in den Wasserfall und schauen Sie dann weg. Die Felsen am Rand des Wasserfalls scheinen entgegengesetzt zur Flussrichtung des Wassers nach oben zu sausen. Man glaubt, dass die Zellen für das Erfassen der Abwärtsbewegung des Wassers ermüden. Normalerweise befinden sich Zellen für verschiedene Richtungen in einer Balance zueinander, aber wenn die Abwärts-Zellen erschöpft sind, dominieren die Aufwärts-Zellen und lassen uns Dinge sehen, die nicht real sind.

The Flash-Lag Effekt

Ein Problem bei dem Erfassen von beweglichen Gegenständen ist, dass die neuronalen Signale eine gewisse Zeit brauchen, um visuelle Informationen durch das Gehirn zu transportieren. Wenn wir die Position eines bewegten Objektes ermittelt haben, ist es real schon weiter auf seiner Laufbahn. Auf verblüffende Art wird das durch den Flash-Lag Effekt dargestellt: Ein Blitzlicht trifft auf ein unbewegtes Objekt, das sich zwar auf gleicher Höhe mit einem anderen bewegten Objekt befindet, aber wirkt, als wäre seine Position dahinter. Diesen Versuch kann man nur schwer zu Hause nachstellen, aber wenn Sie sich im Internet auf die Suche begeben, werden Sie einige anschauliche Beispiele finden. Die Ehrgeizigen unter Ihnen bringen eine Schnur oder ein Band fest an einer Kamera an. Schalten Sie das Blitzlicht ein und initialisieren Sie die Verzögerungsfunktion. Beobachten Sie die Kamera, während Sie sie um sich herumkreisen lassen. Mit ein wenig Glück wirkt das Blitzlicht, als würde es der Kamera hinterherjagen. Versuchen Sie das nur bei Tageslicht, im Dunklen würden optische Effekte den Eindruck verfälschen. Die Erklärung ist, dass unser Gehirn die Verzögerung in der Positionsbestimmung durch den Datentransport kompensiert, indem es den Gegenstand weiter vorn lokalisiert. Das passiert nicht bei einem unbewegten Objekt, daher erscheint dessen Position hinter dem bewegten. Psychologen haben bereits diskutiert, ob dieser Effekt schuld sein könnte bei Abseits-Fehlentscheidungen beim Fußball.

Der fallende Mann

Ein ähnliches Phänomen in Bezug auf unbewegliche Bilder, die eine Bewegung andeuten, ist als Repräsentations-Moment bekannt. Stellen Sie sich vor, Sie sehen sich ein Bild an, in dem ein Mann von einem Gebäude herabspringt.

Forscher haben bewiesen, dass unsere Vorstellung davon dynamisch ist, das Objekt scheint sich zu bewegen, der Mann fällt weiter hinab. Festgestellt haben sie das, indem sie Testpersonen unbewegte Bilder wie dieses zeigten und folgende Momente davon, beispielsweise mit dem fallenden Mann in einer Position weiter unten. Häufig halten die Personen das später gezeigte Bild für das Original. Entscheidend ist, dass sie diesen Fehler nicht machen, wenn ihnen eine vorherige Position der Bewegung präsentiert wird. Sie haben also das Objekt mental vorwärts bewegt.

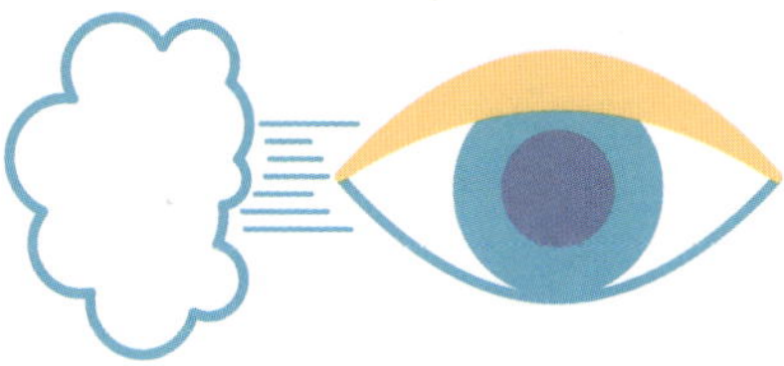

Blinde Flecken und Rindenblindheit

Wir gehen meist davon aus, dass jemand aufgrund von Augenproblemen blind ist, aber Menschen mit einer Schädigung des Gehirnteils, der für die Verarbeitung des Visuellen zuständig ist (der primäre visuelle Kortex), können ebenfalls eine kortikale Erblindung erleiden. Dabei bleibt häufig ein Teil der Sehrinde intakt, so dass die Personen eine Hälfte ihrer Umgebung erkennen, die andere nicht. Bei vielen dieser Patienten wurde ein seltsames Phänomen namens Rindenblindheit festgestellt: Sie geben an, dass sie einen Gegenstand in ihrem blinden Gesichtsfeld nicht sehen, können ihn jedoch beschreiben.

Der britische Psychologe Lawrence Weiskrantz hat sich das Phänomen in einer Versuchsreihe angesehen und bewiesen, dass Patienten mit Rindenblindheit tatsächlich Farbe, Position, Form und Helligkeit von Gegenständen und sogar Gesichtsausdrücke innerhalb ihres blinden Gesichtsfeldes erkennen. Zuerst wurden Affen daraufhin getestet, später Menschen.

Personen mit Rindenblindheit, auch Blindsight genannt, geben an, sie können in ihrem blinden Gesichtsfeld nichts sehen, ihre Fähigkeiten entdeckte man durch Fragen wie „Zeigen wir Ihnen ein Quadrat oder einen Kreis?", worauf die Trefferquote weit über den 50 Prozent lag, die man bei bloßem Raten erwarten könnte.

Auch auf andere Art haben Forscher Blindsight festgestellt: Sie untersuchten, welche Wirkung eine Stimulanz im blinden Gesichtsfeld auf die Stimulanzreaktion des gesunden Gesichtsfelds hat. Man bat Testpersonen, so schnell wie möglich auf das Zeigen eines Quadrats im gesunden Blickfeld zu reagieren, dabei wurde das Quadrat auch im blinden Blickfeld gezeigt. Wie erwartet, erhöhte das die Leistung. Ein Beweis dafür, dass in der blinden Hälfte Restfähigkeiten an visueller Verarbeitung vorhanden sind.

Wie ist das möglich? Die vorhandenen Erklärungsversuche sind kontrovers. Am wahrscheinlichsten ist es, dass die übrig gebliebenen Fähigkeiten auf einem visuellen Informationsstrom basieren, der die geschädigte Stelle umläuft und die Daten direkt in subkortikale Regionen, wie etwa den Colliculi superiores, einspeist. Die Verarbeitung dort ist dem Bewusstsein nicht zugänglich. Eine andere Möglichkeit ist, dass diese Patienten über kleine Inseln des intakten, primären visuellen Kortex verfügen.

Visueller Neglect

Dem Blindsight ähnlich ist der neuropsychologische Zustand „visueller Neglect". Dabei sind sowohl die Augen als auch die visuellen Teile des Gehirns intakt, aber der Parietalkortex nahe dem Scheitelpunkt ist defekt (üblicherweise in der rechten Gehirnhälfte).

Die Folge ist, dass Patienten die Hälfte der Welt, die auf der entgegengesetzten Seite ihrer Verletzung liegt, komplett ignorieren, gerade, als ob sie nicht existieren würde. So gilt der Neglect als Mangel an räumlicher Aufmerksamkeit. Dieser Zustand kann sich auf verblüffende Arten zeigen: Jemand rasiert sich nur eine Gesichtshälfte oder isst nur von einer Hälfte seines Tellers. Bittet man ihn, eine Uhr zu zeichnen, lässt er alle Ziffern einer Seite aus. Ähnlich wie Blindsight-Patienten scheinen die Betroffenen aber einige Aspekte der Objekte zu verarbeiten, die in der missachteten Hälfte vorkommen. Fragt man sie, ob der Gegenstand auf der beachteten Seite derselbe ist wie auf der anderen Seite, schneiden sie mit ihren Antworten so gut ab, dass sie offensichtlich nicht einfach raten.

FINDEN SIE IHREN BLINDEN FLECK

In gewisser Weise sind auch Sie für Teile Ihrer Umgebung blind. Dafür ist der blinde Fleck, oder auch Skotom, in jedem Auge verantwortlich. Er entsteht, weil es eine Lücke in der Retina gibt, durch die die Fasern der fotorezeptiven Zellen aus dem Auge heraustreten, um den Sehnerv zu bilden. Fällt Licht hierhin, wird es nicht verarbeitet.

Man könnte vermuten, dass die Fasern hinter den lichtempfindlichen Komponenten liegen, dann bräuchte es auch keinen Spalt. Tatsächlich liegen die Lichtfänger am weitesten von der äußeren Umgebung entfernt. Daher ist die Lücke in der Retina notwendig, durch die die Fasern aus dem Auge hinaus zum Gehirn gelangen. Normalerweise bemerken wir unseren blinden Fleck überhaupt nicht, weil unser Gehirn ihn praktischerweise ausfüllt. Finden Sie Ihren blinden Fleck, indem Sie Ihr linkes Auge schließen und auf das Kreuz unten schauen. Konzentrieren Sie sich auf das Kreuz und ziehen das Buch allmählich immer entweder dichter an Ihr Gesicht heran oder weiter weg. Irgendwann ist der Kreis aus Ihrem Gesichtsfeld verschwunden.

X O

Berührung

Eine Berührung beginnt an unserer Haut, die durchzogen ist von Rezeptoren für Druck, Temperatur oder Schmerz. Über das Rückenmark gelangen die Botschaften zum Gehirn, wo das eigentliche Gefühl für die Berührung entsteht. In unseren Muskeln finden sich weitere Sensoren, die für die Propriozeption zuständig sind, der Wahrnehmung von Körperbewegung und -lage im Raum.

Über den Juckreiz ist noch nicht allzu viel bekannt. Dieses Gefühl folgt denselben Nervenbahnen, die auch Schmerzen weiterleiten und für viele Menschen wird ein unerreichbares Jucken zu einem Schmerzempfinden. Das geht soweit, dass Patienten es vorgezogen haben, sich blutig zu kratzen, um nur ja dem unangenehmen Juckreiz ein Ende zu bereiten.

Andererseits verbinden wir das Jucken auch mit einem Glücksgefühl – denken Sie mal daran, wie befriedigend es ist, wenn jemand Ihnen die juckende Stelle auf Ihrem Rücken kratzt. In unserem Gehirn existiert ein Bild unseres Körpers wie von einer Voodoo-Puppe, das herangezogen wird, wenn die entsprechende Stelle des echten Körpers berührt wird. Dieses Abbild ist wie ein Miniatur-Ich, allerdings nicht maßstabsgerecht. Denn die Menge

VERSUCHEN SIE DAS MAL

Mittels der sogenannten Zwei-Punkt-Diskrimination können Sie herausbekommen, wie viel graue Masse Ihr Hirn aufwendet, um verschiedene Körperteile zu repräsentieren. Es klingt vielleicht seltsam, aber bei diesem Test geht es nur darum festzustellen, ob zwei Spitzen sich auf Ihnen als eine oder zwei Berührungen anfühlen.

Bitten Sie einen Freund, dass er zwei Nadeln oder Stiftspitzen dicht beieinander in Ihren Rücken piekt. Die Entfernung soll immer weiter reduziert werden, bis Sie meinen, dass nur eine Spitze Sie berührt. Schließen Sie dann die Augen. Ihr Freund soll das gleiche Experiment an Ihrer Handinnenfläche durchführen. Die Haut dort ist viel empfindlicher und so werden Sie auch noch zwei Spitzen fühlen, wenn der Abstand zwischen ihnen viel geringer ist als auf dem Rücken.

an Nervengewebe, mit dem es dargestellt ist, hängt von der Hautempfindlichkeit an dieser Körperstelle ab. Auch die Zusammensetzung der Körperteile ist nicht, wie Sie es gewohnt sind. Zum Beispiel befinden sich die Zellen für Ihre Füße ganz nahe an den Zellen, die auf Berührung der Genitalien reagieren.

Der soziale Aspekt der Berührung

Die Forschung enthüllt immer mehr, wie wichtig Berührungen sind. Babys, die ihre Eltern verloren haben, sind eher durch Tod bedroht, wenn sie keinen Körperkontakt haben. Berührungen können auch überzeugen, wie in einem Artikel in der Zeitschrift *Social Influence* aus dem Jahr 2007 dargelegt wird: Der französische Psychologe Nicolas Guéguen beschreibt, wie drei seiner männlichen Assistenten 240 Frauen auf der Straße angesprochen haben und sie um ihre Telefonnummern baten. Aus der Gruppe der 120 Frauen, die dabei leicht berührt wurden, gaben 19 Prozent ihre Nummer, aus der Gruppe ohne Berührung waren es nur 10 Prozent. Ein anderer Test fand in einem Club statt. Ein Forscher forderte Frauen zum Tanz auf. 65 Prozent der Frauen, die er dabei berührte, tanzten mit ihm, aber nur 43 Prozent der Frauen aus der Gruppe ohne Körperkontakt.

Die Gummihand-Illusion

Unsere Empfindung wird stark durch unser Sehvermögen beeinflusst. Instinktiv schauen daher viele Menschen zur Seite, wenn sie eine Spritze bekommen. Wie Sehen und Fühlen zusammenwirken, kann mithilfe eines Gummiarms demonstriert werden, wobei ein langer, ausgestopfter Gummihandschuh auch genügt, außerdem benötigt man einen Tisch und zwei Federn: Legen Sie Ihren echten Arm unter den Tisch, dann den Gummiarm parallel zu Ihrem linken Arm auf den Tisch. Bitten Sie jemanden, Ihren echten und Ihren falschen Arm oberhalb des Tisches mit den Federn zu streicheln – gleichzeitig und im selben Rhythmus. Schauen Sie sich das Szenarium an, dann werden Sie irgendwann das verstörende Gefühl haben, dass der Gummiarm tatsächlich Teil Ihres Körpers ist. Diese Illusion verdeutlicht, wie Ihr Sehvermögen Ihren propriozeptiven Sinn für die Position Ihres Arms aushebelt und das Gefühl auf den Gummiarm überträgt.

Hören

Vermutlich ist es sehr still auf dem Mond, denn dort gibt es keine Luft. Geräusche entstehen, wenn die Luft oder ein anderes Medium vibriert. Dadurch schwingt das Trommelfell am Ende Ihres Gehörgangs. Das wiederum versetzt die drei Mittelohrknochen, die kleinsten Knochen in Ihrem Körper, in taktgleiche Bewegung. Von dort wird das Geräusch auf das innere Ohr übertragen, zur Cochlea und den Hörnerven.

Anders als beim Sehen, wenn Retinazellen auf Licht, das aus verschiedenen Richtungen einfällt, reagieren oder beim Fühlen über Rezeptoren in der Haut, ist das Hören ziemlich kompliziert. Als Hilfsmittel gibt es lediglich zwei unbewegliche Ohren. Unser Gehirn greift auf zwei Tricks zurück: Zum einen vergleicht es die Lautstärke, mit der ein Geräusch auf jedes Ohr trifft. Zum anderen vergleicht es, wie lang es dauert, bis das Geräusch beim Ohr anlangt. Liegt die Geräuschquelle gegenüber, hören beide Ohren gleichzeitig. Ein Geräusch von der linken Seite erreicht das linke Ohr schneller.

Eingeschränktes Hören gibt es in zwei Kategorien, wobei totaler Hörverlust extrem selten vorkommt. Eine Blockade des Gehörgangs oder Probleme mit den Mittelohrknochen fallen unter den Begriff Schallleitungsschwerhörigkeit und können gewöhnlich durch eine Operation oder Hörhilfen behoben werden. Probleme mit dem Innenohr sind schwerer zu behandeln, sie fallen unter Innenohrschwerhörigkeit.

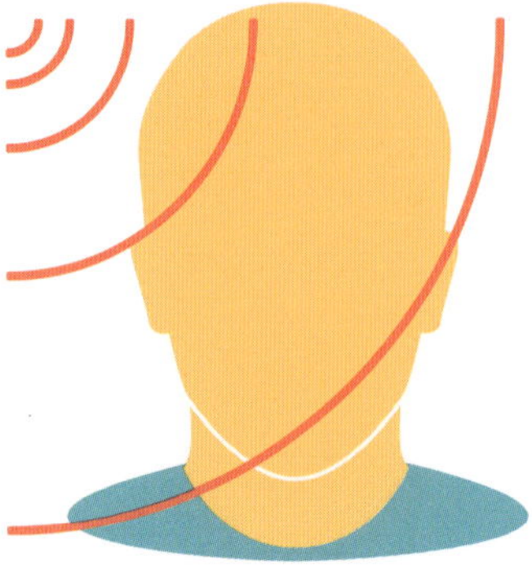

Sehen und Hören

Blinde Menschen verfügen in der Regel über ein verbessertes Hörvermögen. Möglicherweise verleibt sich der für das Hören zuständige Teil das arbeitslose neuronale Sehgewebe ein.

2007 brachte eine Studie überraschend zu Tage, dass verbessertes Hören auch bei nur vorübergehendem Sehverlust eintritt.

Jörg Lewald testete die Fähigkeit von zwanzig Teilnehmern, deren Augen verbunden waren, aus einem Halbkreis von Lautsprechern den herauszuhören, aus dem Laute drangen. Wie erwartet, lokalisierten die meisten den Klang mittiger, als real gegeben. Vor dem zweiten Durchgang wurden den Testpersonen bereits 90 Minuten vorher die Augen verbunden. Anschließend gaben sie mit größerer Genauigkeit an, woher der Ton kam, die Ergebnisse ähnelten denen blinder Testpersonen.

Bemerkenswerterweise ist dies nicht auf die im ersten Durchgang erworbene Übung zurückzuführen, denn Personen, die zwei Mal getestet wurden, aber dazwischen nicht 90 Minuten lang die Augenbinde trugen, zeigten keine solche Steigerung.

Lärm

Wir können die Augen vor der Welt verschließen, aber ihrem Lärm entkommen wir nicht. Deutlich zeigt dies eine Studie aus dem Jahr 2005 mit der Erkenntnis, dass das Risiko, einen Herzinfarkt zu erleiden, bei zu viel Lärm steigt. Stefan Willich und seine Kollegen befragten Tausende von Menschen und fanden heraus, dass Männer, die zu Hause oder bei der Arbeit einem Lärmpegel von mehr als 60 Dezibel ausgesetzt sind, zu 50 Prozent anfälliger für Herzinfarkte sind. Bei von Lärm umgebenen Frauen steigt das Risiko sogar um 300 Prozent. Da ist es schon beunruhigend, dass die EU-Gesetzgebung vorsieht, Angestellte und Arbeiter vor Geräuschen über 80 Dezibel zu schützen, nicht 60.

DER MCGURK-EFFEKT

Im Abschnitt über das Fühlen haben wir gelesen, dass unser Sehvermögen unser Wissen aushebeln kann.

Der McGurk-Effekt, benannt nach dem Psychologen Harry McGurk, beweist, dass optische Information sich mit akustischem Signal vermischen kann, so dass durch die Kombination der Sinne ein völlig neuer Eindruck entsteht. In ein Video, in dem eine Person etwas sagt (zum Beispiel „BA"), wird ein anderer Laut (zum Beispiel „GA") hineingeschnitten. Als Betrachter des Videos hören Sie dadurch eine Mischung aus den beiden Lauten (vielleicht ein „DA").

Der McGurk-Effekt trickst dabei die multi-sensorische Strategie des Gehirns aus, mit der es Ihnen zu anderen Gelegenheiten möglich ist, sich zusammenzureimen, was ein Freund Ihnen beispielsweise in einem besonders lauten Club erzählt.

Wenn Sie eine digitale Kamera, die nötige Computersoftware und Lautsprecher haben, können Sie selbst so ein Video herstellen. Wenn nicht, finden Sie eine Vielzahl von Beispielen im Internet.

Ein ähnlich kurioses Phänomen beschreibt Oliver Sacks in seinem wunderbaren Buch *Stumme Stimmen*. Wenn Spätertaubte, die hörend geboren wurden und Sprache erlernt haben, die Lippen anderer Menschen ablesen, hören sie bisweilen die Worte, die gesprochen werden, sogenannte imaginäre Stimmen. Sacks geht davon aus, dass die gehörlosen Personen sich nicht einfach nur einbilden, die Klänge zu hören, sondern dass die Lippenbewegungen im Gehirn automatisch in Laute umgesetzt werden.

Bewegen

Parallel zur neuralen Körperkarte, die für unseren Tastsinn zuständig ist, verläuft ein schwammartiger Streifen, der Motorkortex, in dem die willkürlichen Bewegungen entstehen. Von hier aus gelangt die Information über Knochenmark und Nervenzellen zu den entsprechenden Muskeln.

Das klingt zwar ganz unkompliziert, aber die Trägheit der Nervensignale stellt dabei ein Problem dar. Der Abschnitt über das Sehen erwähnt, dass es einige Zeit dauert, bis sensorische Informationen im Gehirn ankommen. Dazu kommt die Reise der motorischen Befehle zu den Muskeln. So kommt es, dass wir unsere Bewegungen nicht immer der Wirklichkeit anpassen, sondern unserer Vorstellung von der Wirklichkeit. Unser Gehirn kreiert unablässig mögliche Realitäten und spielt die Möglichkeiten durch, die durch verschiedene Handlungen entstehen.

Das Phänomen der kaputten Rolltreppe

Ein großartiges Beispiel für die Gehirnautomatik ist die Begegnung mit einer nicht funktionierenden Rolltreppe, wie man sie in U-Bahn-Stationen weltweit findet. Obwohl wir erkennen, dass die Rolltreppe still steht, bleibt der Autopilot im Gehirn auf die unnatürliche Vorwärtsbewegung eingestellt, die er erwartet. Er schickt Befehle für die Ausgleichsbewegungen in Beine und Körper, die dazu führen, dass wir ein wenig wacklig unterwegs sind. Wenn Sie das Gefühl nicht kennen, halten Sie bei nächster Gelegenheit Ausschau nach einer kaputten Rolltreppe, auf die man auch in Einkaufszentren oder als Laufbänder in Flughäfen trifft. Zuerst sollten Sie sicherheitshalber abklären, ob Sie sie auch benutzen dürfen.

Sich selbst kitzeln? Geht nicht!

Neben der Fähigkeit, notwendige Bewegungen vorauszusehen, beherrscht unser Gehirn den Trick, die Konsequenzen unserer Handlungen vorherzusagen. So werden Verzögerungen in der sensorischen Kommunikation überbrückt und die eigenen Aktivitäten von denen anderer Menschen und Tiere unterschieden.

Ganz deutlich wird dies in der Unfähigkeit, sich selbst zu kitzeln. Versuchen Sie es ruhig – Sie werden keinen Erfolg haben. Die Psychologin Sarah-Jayne Blakemore hat eine Vielzahl Experimente dazu durchgeführt. Bei einem bedienten die Teilnehmer mit der linken Hand ein Stück Schaumgummi, mit dem sie ihre rechte Hand kitzeln sollten. Bewegten sich die linke Hand und die Schaumgummivorrichtung synchron, blieb das Kitzelgefühl aus. Dann bauten die Forscher zwischen Handbewegung und Kitzelaktion des Schaumgummis eine Pause ein. Je länger die Pause, umso intensiver war das Kitzelerlebnis, weil es sich anfühlte, als ob eine andere Person das Kitzeln übernommen hätte.

Den eigenen Körper zu kitzeln funktioniert nicht, weil das Gehirn den Befehl dazu nutzt, die Folge des Ausführens zu berechnen, so bleibt das Gefühl aus. Nur ein Quäntchen Zeitverschiebung allerdings hebelt diese Gehirnautomatik aus.

Wer ist eigentlich der Boss?

Wir wissen nun, dass das Gehirn das Kommando übernehmen kann, wenn wir auf ein überraschendes Hindernis wie die Rolltreppe stoßen. Über alles andere bestimmen doch Sie, oder? Na ja, vielleicht doch nicht. Eine Studie von Benjamin Libet zeigt, dass die Entscheidung, uns zu bewegen, tatsächlich erst nach der neuralen Vorbereitung auf diese Bewegung erfolgt.

Mit dem Blick auf die Uhr bewegten Testpersonen einen Finger und sollten sich merken, wann sie die Entscheidung dazu getroffen hatten. Mittels EEG wurde ihre Gehirnaktivität dabei gemessen. Erstaunlicherweise brachte der Versuch zu Tage, dass die Bewegung 300–500 Millisekunden vor dem angegebenen Zeitpunkt der Entscheidung vorbereitet wurde.

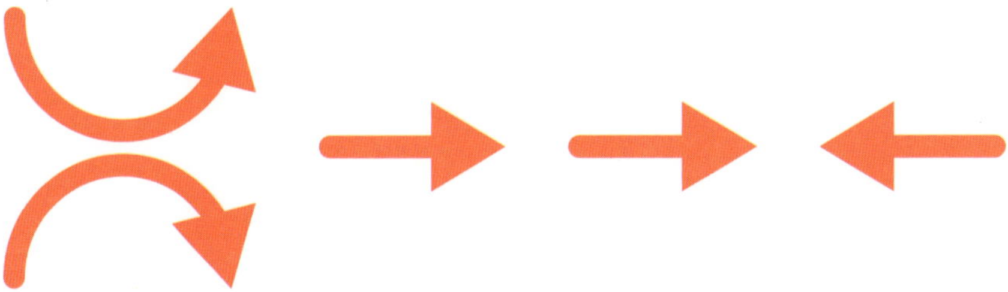

Ein Cocktail der Sinne

Können Sie sich vorstellen, dass Worte einen Geschmack haben? Oder dass Zahlen und Buchstaben farbig sind? Für Menschen mit Synästhesie ist das Alltag, denn ihre Sinne sind miteinander gekoppelt.

Die gängigste Art von Synästheten sind die „Buchstabenfärber" (Wort-Farb-Synästhesie), aber es gibt auch exotischere Exemplare. Der Psychologe Jamie Ward beschreibt einen Wort-Geschmacks-Synästheten, der für einige seiner Bekannten Spitznamen erfinden musste, weil ihre echten Namen einen schlechten Beigeschmack hatten. Andere nehmen Gerüche wahr, wenn sie Musik hören. Ein Mann konnte Formen schmecken.

Bereits Ende des 18. Jahrhunderts beschrieb Francis Galton als Erster die Synästhesie. Vieles davon hat nichts an Gültigkeit verloren. Er stellte fest, dass Synästhesie ein familiäres Phänomen ist, sie könnte also eine genetische Ursache haben. Sehr selten führen Krankheiten dazu, zum Beispiel eine Sehnervatrophie.

Experten haben immer wieder die Sinneserfahrungen der Synästheten angezweifelt. Untermauert wurde ihr Verdacht dadurch, dass Drogen, wie zum Beispiel LSD, ähnliche Erlebnisse erzeugen können. Inzwischen jedoch gibt es hinreichend Beweise für die Existenz von Synästhesie.

Bei einer Art des Stroop-Tests sollten die Teilnehmer angeben, in welcher Farbe ihnen ein gezeigter Buchstabe erscheint. Sieht ein Synästhet den Buchstaben A in rot, dann sollte er ein rotes A, das seiner synästhetischen Erfahrung entspricht, schneller identifizieren können als ein blaues A. Und genau das hat die Studie bewiesen.

Die Psychologin Julia Nunn und ihre Kollegen haben die Gehirne von Farb-Synästheten gescannt. Dabei stellten sie fest, dass das Farbzentrum des Gehirns tatsächlich aktiv war, wenn die Personen Worte hörten, nicht aber bei Tönen. Bei Teilnehmern in der Kontrollgruppe blieb das Farbzentrum inaktiv, sowohl bei Wörtern als auch bei Tönen.

Vermischung der Sinne oder Konzepte?

Psychologen bemühen sich mittlerweile stärker darum, synästhetische Wahrnehmung zu untersuchen, als sie zu beweisen. Am Ende könnte herauskommen, dass die Synästhesie nicht allein die Sinne betrifft, sondern eher mit Konzepten zu tun hat.

Als Julia Simner und ihre Kollegen von der Edinburgh University 1700 willkürlich ausgesuchte Personen testeten, stellten sie fest, dass synästhetische Wahrnehmung häufiger vorkommt, als bisher angenommen. Eine von 20 Personen gab an, synästhetische Wahrnehmung zu kennen, am häufigsten kamen die konzeptbasierten Varianten vor, so ordneten Teilnehmer den Wochentagen oder Monaten bestimmte Farben zu.

Bei einer neueren Studie diente das Zungenspitzenphänomen, bei dem ein eigentlich bekanntes Wort oder ein Name nicht immer verfügbar ist, als Grundlage dafür, herauszufinden, ob Synästhesie auf Konzepten basiert. Julia Simner und Jamie Ward experimentierten an sechs Personen, die Wörter mit Geschmack verbanden.

Ihnen wurden Abbildungen gezeigt, etwa von Kastagnetten oder einem Schnabeltier. Kannten die Testpersonen das Objekt, es fiel ihnen der Name aber nicht ein, sollten sie die Geschmackswahrnehmung aufschreiben.

Als ihnen später die Namen der gezeigten Objekte genannt wurden, entsprach der Geschmack, den sie dabei wahrnahmen, dem während des Zungenspitzenphänomens. Einer Frau fiel beispielsweise das Wort Kastagnetten nicht ein, sie hatte dabei den Geschmack von Thunfisch im Mund, genau wie später, als sie den Namen erfuhr. Das legt die Vermutung nahe, dass es das Konzept Kastagnette ist, das mit dem Thunfisch-Geschmack gekoppelt ist und nicht das Wort selbst.

Durch Entdeckungen wie diese kamen Psychologen darauf, dass die Synästhesie unsere Kenntnisse über Sprachprozesse allgemein erhellen könnte. Der Synästhet J.I.W. konnte bei der Frage helfen, ob Buchstaben je nach Betonung anders vom Gehirn verarbeitet werden. Die Antwort ist ja, denn für J.I.W. schmeckte ein schwaches L, wie in Mahl, nach Kartoffeln, ein stärkeres L, wie in Licht, wie Frühstücksflocken.

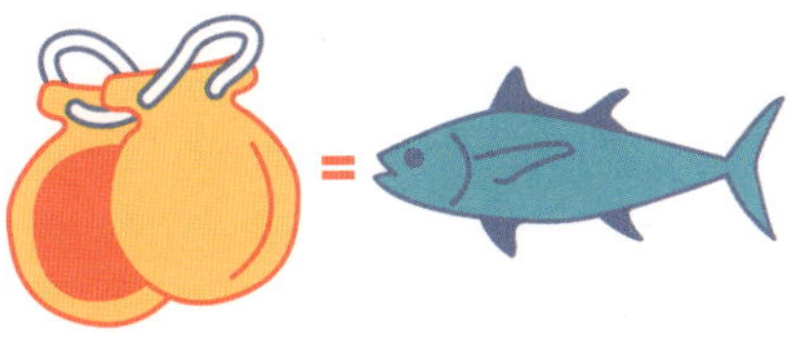

Profil

V.S. Ramachandran

Vilayanur S. Ramachandran, oft Rama genannt, ist Verhaltensneurologe und für seine Erkenntnisse über die Hirntätigkeit bekannt, die er durch Beobachtung individueller Patienten erworben hat.

Ramachandran wurde als Diplomatensohn in Indien geboren und lebte an vielen Orten. Ursprünglich studierte er Medizin am Stanley Medical College in Indien, bevor er im englischen Cambridge in Neurophysiologie und Experimenteller Psychologie promovierte. Ramachandran bevorzugt einfache Herangehensweisen an komplexe Themen, seine eleganten Entdeckungen versetzen seine Kollegen häufig in Erstaunen, dass sie nicht selbst darauf gekommen sind. Richard Dawkins taufte ihn den Marco Polo der Neurowissenschaft, der Nobelpreis-Laudator Eric Kandel nannte ihn einen modernen Paul Broca (s. Seite 56).

Mittlerweile ist Ramachandran ein vielbeschäftigter Mann, der sowohl Direktor des Zentrums für Gehirn und Kognition als auch Professor der Psychologie und der Neurowissenschaften an der Universität von Kalifornien in San Diego ist, als auch Gastprofessor für Biologie am Salk Institut für biologische Studien, ebenfalls in San Diego.

Ramachandran strahlt ungeheure Energie und Enthusiasmus aus und wird ebenso für seine Kommunikationsfähigkeit wie für seine Entdeckungen gefeiert. Als erster Arzt oder Psychologe nahm er 2003 an den Reith Lectures der BBC teil, die später als Buch unter dem Titel *Eine kurze Reise durch Geist und Gehirn* veröffentlicht wurden. Ramachandran ist Ehrenmitglied der Royal Institution in Großbritannien, hat Lehraufträge am All Souls College in Oxford und an der Stanford University. 1995 hielt er auf Einladung die Vorlesung „Decade of the Brain" anlässlich des 25-jährigen Bestehens der Society of Neuroscience.

Immer schon zogen ihn natürliche Anomalien an, die den Geist stören. Früh interessierten ihn Visionen und optische Täuschungen. Solche Täuschungen sind wie Magie, sagt er, und der Wissenschaft fällt die Freude zu, Erklärungen dafür zu finden. Er wandte sich der Verhaltensneurologie und dem Studium von Patienten zu und beschäftigte sich unter anderem mit Phantomschmerzen, wobei der Patient in einem Körperteil Schmerz empfindet, der ihm amputiert wurde, oder mit Anosognosie, dem Nichtanerkennen von zum Beispiel Lähmungserkrankungen und dem Capgras-Syndrom, bei dem Betroffene glauben, dass ihnen nahestehende Personen durch Doppelgänger ausgetauscht wurden. Ramachandran hat sich durch seine Forschung über Synästhesie einen Namen gemacht (s. Seiten 24–25). Vor Kurzem hat er sich der Suche nach Universalien in der Kunst und dem Autismus zugewandt.

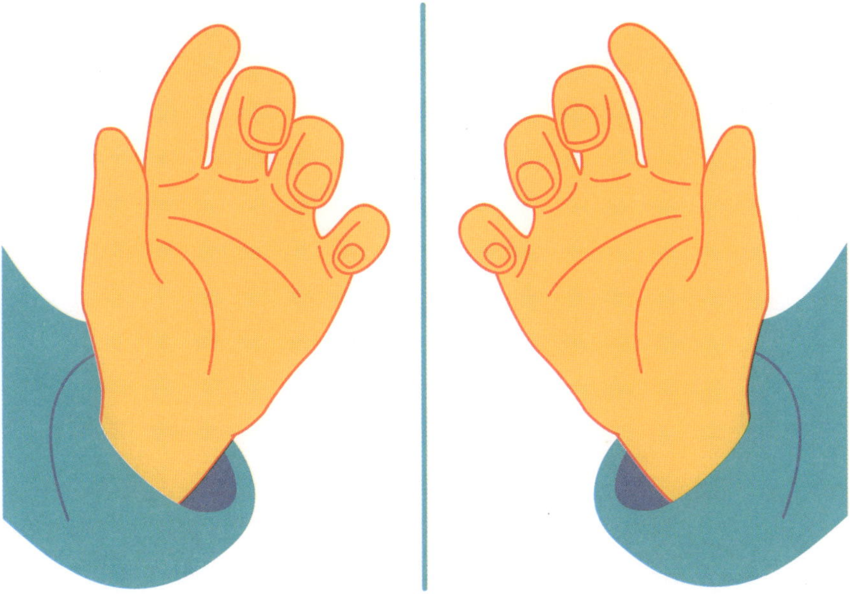

Phantomschmerz

Ramachandran ist nicht der Erste, der Phantomschmerzen untersucht hat, aber sein Ansatz ähnelte den Methoden von Sherlock Holmes. So verwendete er einen Billardstock, um unterschiedliche Körperpartien eines Phantomschmerz-Patienten zu berühren und die enorme Neuorganisierung unserer sensorischen Körperkarte zu demonstrieren. Wurde der Patient im Gesicht berührt, fühlte er etwas in seiner abgetrennten Hand. So bizarr das klingt, die Wahrnehmungen von Gesicht und Hand liegen im Gehirn nebeneinander. Da von der Hand kein Feedback mehr kam, hatte die Gesichtswahrnehmung den unbenutzten Platz besetzt und sendete von dort Signale.

Seine spielerische Herangehensweise hat Ramachandran auf eine der wenigen Methoden gebracht, die Phantomschmerzen lindern. Der Schmerz tritt zum Beispiel auf, wenn der Patient fühlt, dass die fehlende Hand sich unangenehm zusammenballt. Durch die Erkenntnis inspiriert, dass optischer Input andere sensorische Informationen überlagern kann (s. das Gummihand-Experiment auf S. 19), platzierte Ramachandran einen Spiegel in einer Schachtel. Die Spiegelung der gesunden Hand erweckte den Eindruck, die fehlende Hand sei ersetzt worden. In der Schachtel löste der Patient die Finger der gesunden Hand und im Spiegel sah es so aus, als würde die abgetrennte Hand dasselbe machen. In einigen Fällen beendete das den Phantomschmerz.

Übung 1

Wahrnehmung und Handlung

DAS PROBLEM:

Sie sind der Leiter der städtischen Bibliothek. Auf den Stufen der steilen Eingangstreppe kam es zu mehreren Stürzen. Es steht zu befürchten, dass über kurz oder lang jemand die Bibliothek verklagen wird. Ihre Aufgabe ist es, weitere Unfälle zu verhindern. Das Gebäude steht unter Denkmalschutz und die Gelder sind knapp, es kommen also weder Rolltreppe, Rampe noch Treppengeländer infrage. Was Sie brauchen, ist eine günstige und elegante Lösung.

DIE METHODE:

Statt das Gebäude zu verändern, ändern Sie lieber die Art, auf die die Besucher die gefährlichen Stufen in Angriff nehmen. Nehmen Sie die Psychologie der Wahrnehmung zu Hilfe.

Wir denken, dass wir die Welt genauso wahrnehmen, wie sie ist. Dabei gibt es verschiedene Abkürzungen und Vermutungen bei der Verarbeitung sensorischer Informationen. Diese Verarbeitungsprozesse können beeinflusst werden, wodurch neue Erfahrungen entstehen. Ändern Sie die menschliche Wahrnehmung der Welt und Sie ändern automatisch die Art, wie Menschen sich benehmen.

Nehmen wir den Lake Shore Drive entlang des Lake Michigan in Chicago, der viele S-Kurven aufweist. Konventionelle Beschilderung zeigte kaum Wirkung, Unfälle häuften sich.

Im Jahr 2006 versuchte die Stadt etwas Neues: Horizontale Linien wurden auf die Straße gemalt. Die Abstände zwischen den Linien wurden zu den Kurven hin kürzer, so dass bei den Fahrern der Eindruck erhöhter Geschwindigkeit entstand. Das Ergebnis: Sie gaben weniger Gas. In den ersten sechs Monaten nach Einführung der Linien fiel die Anzahl der Unfälle um 36 Prozent.

DIE LÖSUNG:
Für die Benutzung der Stufen bietet sich eine ähnliche Lösung an. David Elliot und sein Forscherteam an der Universität von Bradford haben 2009 bewiesen, dass eine einfache Veränderung die Art beeinflusst, wie Menschen die Höhe von Stufen wahrnehmen, so dass sie sie dementsprechend anders angehen.

Elliotts Team malte horizontale Streifen auf die Setzstufen. Einer gleich hohen Stufe verpassten sie vertikale Streifen. Testpersonen sollten die Höhe der Stufe erraten. Durchschnittlich wurde die horizontal bemalte Stufe um 5 Millimeter höher eingeschätzt. Sie wollten wissen, ob Menschen auch unterschiedlich mit den Stufen umgehen würden. Die Forscher filmten die Testpersonen, wie sie die Stufen betraten und fanden heraus, dass sie die Füße bei den vertikal bemalten Stufen höher hoben. Bedeutsam daran ist, dass die meisten Unfälle auf Treppen dadurch entstehen, dass die Menschen mit dem Fuß an den Stufen hängen bleiben.

Kapitel 2

Gedächtnis

Ohne unsere Erinnerungen besitzen wir keine Identität. Wir brauchen sie, um zu wissen, wer wir sind, woher wir kommen und wer die Menschen sind, die uns nahe stehen. Auf den folgenden Seiten werden wir erleben, dass das Gedächtnis nicht computerähnlich arbeitet, sondern ein höchst kreativer und fehlbarer Prozess ist.

Die Meeresschnecke

Unsere Erinnerungen tragen stark zu unserer Menschlichkeit bei. Sie sagen uns, wer wir sind, durch sie erkennen wir unsere Lieben und erwerben Fähigkeiten. Ohne Gedächtnis wären wir in einer Endlosschleife ewiger Wiederholungen gefangen. Wenn es für uns Menschen also so wichtig ist, sich zu erinnern, warum beginnt dies Kapitel dann mit einer Meeresschnecke?

Damit wir erforschen können, wie das Gedächtnis funktioniert, ist es wichtig, das Konzept von Grund auf zu kennen. Also müssen wir wissen, welches die einfachste Form des Erinnerns ist. Sogar bei Schnecken hat man Verhalten entdeckt, das auf die Fähigkeit zu lernen schließen lässt. Und Lernen basiert auf Erinnerungen oder zumindest auf etwas Vergleichbarem.

Man könnte natürlich fragen, warum wurde gerade die Meeresschnecke untersucht und nicht ein anderer, vergleichbar entwickelter Organismus? Durch ihre wenigen, aber teilweise sehr massiven Nervenzellen (nicht einmal eine Million) ist sie ein attraktives Objekt dafür. Einige der Nervenzellen haben eine Dicke von bis zu einem Millimeter im Durchmesser. Einige unserer Gehirnzellen sind gerade ein Hundertstel so stark. Auch sind die Nervenzellen der Meeresschnecke ganz klar definierbar, so dass gleiche Zellen in unterschiedlichen Tieren untersucht werden können.

Gewöhnung / Habituation

Sie haben ein glänzendes neues Handy gekauft, das zu jeder Stunde piept und Sie können es nicht abstellen? Anfangs stört das Geräusch, nach und nach jedoch gewöhnen Sie sich daran, bis Sie es kaum noch wahrnehmen – das nennt man Habituation. Diese Art zu lernen hat der Nobelpreisträger und Pionier der Gedächtnisforschung, Eric Kandel, bei der Meeresschnecke gefunden und studiert.

Besprüht man einen Teil der Schnecke mit Meerwasser, beispielsweise ihre

Kiemen, zieht sie den betroffenen Körperteil aus der Gefahrenzone. Wird sie weiter besprüht, zeigt sie diese Reaktion nicht mehr, weil sie sich an das Gefühl gewöhnt hat, so wie Sie sich an das Telefonpiepen. Diese Art des Lernens wurde auch bei anderen Tieren beobachtet, aber nur von außen. Kandel hat einen tieferen Blick gewagt und sowohl die Nervenzellen, die für das Sprüh-Gefühl verantwortlich sind, als auch die Bewegungsnerven untersucht. Er wollte wissen, was passiert, wenn die Schnecke lernt, sich nicht mehr zurückzuziehen.

Kommunizierende Zellen

Kandel stellte fest, dass die sensorische Nervenzelle auch auf wiederholte Stimulation reagierte. Beim direkten Aktivieren des motorischen Neurons zeigte sich, dass der Muskel nicht erschlafft war. Also musste irgendetwas geschehen sein – und wahrscheinlich hatte das mit der Art zu tun, wie Nervenzellen miteinander über chemische Stoffe im Gehirn (Neurotransmitter) kommunizieren. Und tatsächlich haben Experimente gezeigt, dass bei Habituation das sensorische Neuron geringere Mengen an Neurotransmittern ausschüttet.

Sensitivierung

Sie sitzen friedlich lesend in einem Sessel, als plötzlich der Rauchmelder losheult und Sie vor Schreck beinahe an die Decke springen. Die Situation ist ungefährlich, Ihr Freund hat seinen Toast anbrennen lassen. Trotz dieses Wissens werden Sie sich in den nächsten Minuten wackelig fühlen, unerwartete Geräusche jagen Ihnen einen Schreck ein. Bei dieser starken Reaktion auf ein Stimulans spricht man von Sensitivierung, eine weitere fundamentale Form des Lernens, das Kandel in der Meeresschnecke erforscht hat. Nach einem unangenehmen Stimulus an einem beliebigen Teil der Schnecke verhielt sich das Tier hypersensibel. Die Länge dieses Zustands hing dabei von der Stärke des vorangegangenen Schocks ab. Kandel bewies, dass Gewöhnung auf der Ausschüttung geringerer Mengen Neurotransmitter beruht, wohingegen Sensitivierung durch eine interneuronale Reaktion verursacht wird, die weitaus mehr Neurotransmitter aussendet.

Woran erinnern wir uns?

Vermutlich befinden sich in der Hirnrinde mehr als 10 Milliarden Nervenzellen, jede von ihnen steht mit 100.000 weiteren Nervenzellen in Verbindung. Eine vernünftige Schätzung über unsere Speicherkapazität ist da unmöglich. Ob wir die Informationen, die wir brauchen, zum gewünschten Zeitpunkt abrufen können, steht allerdings auf einem anderen Blatt.

Unserem Kurzzeit- oder Arbeitsgedächtnis sind sicherlich Grenzen gesetzt. Es lässt sich übrigens leichter untersuchen als das Langzeitgedächtnis. Das Kurzzeitgedächtnis ist wie der Desktop des Gehirns: Die Information dort dient einer bestimmten Absicht, zum Beispiel dem Merken einer Telefonnummer, bevor Sie wählen.

TESTEN SIE DAS KURZZEITGEDÄCHTNIS IHRER FREUNDE

Das können Sie, indem Sie eine immer längere Reihe Zahlen vorlesen und darauf warten, wann sie sie nicht mehr in der korrekten Reihenfolge wiedergeben können. Dieser Test wird Digit-Span Test genannt.

Beginnen Sie mit zwei Zahlen (4, 8), die Ihr Freund wiederholen muss. Dann nennen Sie drei Zahlen (2, 5, 9) und so weiter bis, sagen wir mal, zu einer Reihe von 10 Zahlen. Natürlich können Sie sich auch selbst testen lassen. Wahrscheinlich werden Sie und Ihr Freund eine 5- bis 9-stellige Zahlenreihe richtig aufsagen können. Denn diesen Wert hat die Forschung ergeben, wie George Miller in seinem bahnbrechenden Werk *The Magical Number Seven, Plus or Minus Two* geschrieben hat.

CHUNKING

Allerdings liegen die Dinge nicht ganz so einfach, denn die Grenze von 7 +/- 2 bezieht sich auf die Anzahl der Informationen mit Bedeutung, an die Sie sich erinnern möchten, nicht auf die ungefilterten. So können wir uns zum Beispiel 7 Namen merken, deren Buchstaben insgesamt 7 bei Weitem übersteigen. Versuchen Sie das einmal mithilfe des folgenden Kastens:

B	A	U	A	T
S	H	S	S	S
I	K	S	I	A
H	O	I	S	L
T	O	S	E	B

Lesen Sie Ihrem Freund die Buchstaben vor, beginnen Sie links unten, dann nach oben und dann schlangenförmig weiter, immer erst zwei Buchstaben, dann drei Buchstaben, wie vorher mit den Zahlen. Zuerst ist auch hier das Gedächtnis auf sieben Buchstaben begrenzt. Ist Ihr Freund aber clever, wird er merken, dass die Buchstaben eine Botschaft beinhalten, die, einmal erkannt, es leicht machen, sich alle 25 Buchstaben zu merken. Aus den vielen Buchstaben werden sieben Chunks (Bündel) mit Bedeutung gebildet.

Das Kurzzeitgedächtnis unterbrechen

Viele Tests sprechen dafür, dass wir Informationen in unserem Kurzzeitgedächtnis festhalten, indem wir sie im Stillen immer wieder aufsagen – wie eine neue Telefonnummer, bevor wir sie zum ersten Mal wählen. Probieren Sie Folgendes aus: Wiederholen Sie den Digit-Span-Task mit Ihrem Freund, lassen ihn aber während der Wiederholungen völlig zusammenhanglos Wörter aussprechen (der, die, das). Sein Gedächtnis wird höchstwahrscheinlich darunter leiden, weil der innere Verarbeitungsprozess seines Kurzzeitgedächtnisses gestört wurde.

Ein Phänomen zum Behindern des Kurzzeitgedächtnisses ist der Irrelevant Sound Effect. Wieder dient der Digit-Span-Task als Basis, aber dieses Mal in Hörweite einer Geräuschquelle – eine gesprochene Radiosendung zum Beispiel. Genau genommen brauchen wir nicht einmal Sprache, es ist nur wichtig, dass die Störung durch eindeutige Chunks passiert, mittels Staccato-Musik zum Beispiel. Wie bei den ausgesprochenen Wörtern wird das Gedächtnis Ihres Freundes vom Ziel abgebracht. Ganz sicher ist man sich noch nicht, warum, aber es wird vielfach angenommen, dass die Chunks die inneren Wiederholungen stören.

Wie wir vergessen

Ein Patient mit klassischer Amnesie wird vermutlich noch seinen Namen kennen, eine Vorstellung seines bisherigen Lebens haben und sich an Dinge wie Telefonnummern erinnern. Wo er sich am Vortag aufgehalten oder was er gefrühstückt hat, wird er nicht wissen. Dieser Zustand ist bekannt als Defizit im episodischen Gedächtnis oder anterograde Amnesie und bezeichnet die Unfähigkeit, dauerhafte Erinnerungen anzulegen.

Ursachen dafür gibt es viele, vom Schlaganfall bis zum Korsakow-Syndrom, das bei Alkoholikern auftritt, die durch schlechte Ernährung einen Thiaminmangel aufweisen. Auch ein Schlag auf den Kopf, wie bei einem Autounfall, kann Amnesie hervorrufen. Dabei verliert der Patient normalerweise auch das Gedächtnis an Dinge, die zu dem Unfall führten – das ist die retrograde Amnesie. Dieser Zustand kann sich über viele Jahre erstrecken. Häufig kehren die Erinnerungen dann wieder, beginnend bei der frühesten, bis hin zu einem Zeitpunkt kurz vor dem Unfall, an den man sich niemals erinnern wird.

Geschichten über das Vergessen

Das vielleicht spannendste fiktive Porträt eines Menschen, der an anterograder Amnesie leidet, findet sich in dem Film *Memento* mit Guy Pearce. Die Hauptfigur hat nach einem Schlag auf den Kopf Gedächtnislücken. Auf der Suche nach dem Mörder seiner Frau entwickelt er zwanghaft Strategien zur Kompensation dieser Störung, schließlich tätowiert er sich sogar die wichtigsten Hinweise auf den Körper.

Der berühmteste Amnesie-Patient der Wirklichkeit ist vermutlich H.M., der von so schlimmen Epilepsie-Anfällen heimgesucht wurde, dass sich in den 1950er Jahren Chirurgen dazu entschlossen, ein Seepferdchen-großes Stück, den Hippocampus, aus beiden Gehirnhälften zu entfernen. Damals kannten die Chirurgen die wichtige Rolle des Hippocampus noch nicht. Die Operation hinterließ H.M. schwerbehindert, nur seine Persönlichkeit und sein IQ blieben relativ unberührt. Eine Erinnerungsart blieb ihm typischerweise erhalten, das implizite Gedächtnis, das es ihm erlaubte, neue Fähigkeiten zu erwerben, zum Beispiel zu puzzeln, an die er aber keine Erinnerung hatte.

Über den Erhalt des impliziten Gedächtnisses bei Amnesie-Patienten gibt es eine berühmte Anekdote des Schweizer Psychologen Édouard Claparède: Bevor er einer Patientin die Hand schüttelte, versteckte er eine Stecknadel in seiner Hand. Am nächsten Tag wollte die Patientin ihm nicht die Hand geben, wusste aber nicht, warum.

DER CHAMÄLEON-MANN

Die bisherigen Amnestie-Patienten hatten meist eine Vorstellung davon, wer sie waren. Seltener gibt es Patienten, die ihre Identität total verloren haben.

Im Jahr 2007 berichteten Psychologen von dem 65-jährigen A.D., dessen Identität von seiner Umgebung abhing. Dieses kuriose Verhalten trat nach einem Schlaganfall auf, der seine fronto-temporale Gehirnregion beschädigt zurückließ. War er mit Ärzten zusammen, nahm A.D. dieselbe Rolle ein. Bei Psychologen war er Psychologe, bei Anwälten war er Anwalt. Damit nicht genug, füllte A.D. diese Berufe auch aus und lieferte plausible Geschichten dafür, wie er zu dem Menschen wurde, der er zu sein glaubte.

Giovannina Conchiglia und ihre Kollegen wollten in unterschiedlichen Szenarien untersuchen, wie formbar A.D.s Sinn für seine Identität war. Sie ließen in einer Bar einen Schauspieler bei A.D. einen Cocktail bestellen, sofort übernahm der die Rolle des Barkeepers, sagte, er arbeite auf Probe und hoffe, er würde den Job dauerhaft bekommen. Nachdem A.D. 40 Minuten in einer Krankenhausküche zugebracht hatte, behauptete er, der Küchenchef zu sein, der für die Schonkost der Diabetiker zuständig sei.

A.D. besetzte die Rollen so lange, bis sich die Situation veränderte. Die Psychologen diagnostizierten eine Mischung aus dem Enthemmungs-Syndrom – ähnlich dem Berührungszwang, bei dem Patienten Dinge in ihrer Umgebung benutzen oder Lebensmittel anfassen müssen –, anterograder Amnesie und Anosognosie, mangelnder Einsicht in die eigenen Unfähigkeiten oder das eigene Verhalten.

Dennoch hatte auch A.D.s Anpassung Grenzen. So wollte er zum Beispiel nicht in der Wäscherei des Krankenhauses arbeiten. Es wurde vermutet, dass der Job unter seiner Würde war, schließlich war A.D. Politiker.

Kennen wir uns?

Menschen sind Experten in der Gesichtserkennung. Wir benötigen gewöhnlich nur eine Begegnung und prägen uns ein Gesicht ein. Selbst aus komischen Blickwinkeln und im ungünstigsten Licht erkennen wir Gesichter. Es gibt aber Menschen, die noch nicht einmal sich selbst auf einem Foto erkennen können. Diese Gesichtsblindheit heißt fachsprachlich Prosopagnosie, von den griechischen Wörtern *prosopo* (Gesicht) und *agnosia* (Unkenntnis).

Ursprünglich nahm man an, dass Gesichtsblindheit nur äußerst selten vorkommt, als Folge von Schlaganfall oder Unfällen. Der wohl berühmteste neurologische Fall wird in Oliver Sacks Buch *Der Mann, der seine Frau mit einem Hut verwechselte* beschrieben. Dass Gesichtsblindheit öfter vorkommt, hat unter anderem eine von Bradley Duchaine durchgeführte Internetbefragung von 1600 Personen ergeben, von denen 2 Prozent angaben, zumindest ansatzweise gesichtsblind zu sein. Fachleute vermuten eine hohe Dunkelziffer, weil die Betroffenen nicht wissen, dass sie ungewöhnlich sind.

Warum Menschen vergessen

Weil die Menschen in einigen Fällen erst als Folge einer Verletzung des Gehirns gesichtsblind wurden, glaubten Psychologen, dass wir über ein spezielles „gesichtsverarbeitendes“ Modul verfügen. Diese Annahme wird durch die Tatsache gestützt, dass ein bestimmter Teil unseres Gehirns, die Fusiform Face Area (FFA), aktiviert wird, wenn wir in Gesichter sehen.

Andere Fachleute wiederum behaupten, dass unsere ausgeprägte Fähigkeit, Gesichter zu erkennen, daher rührt, dass wir täglich mit ihnen konfrontiert werden. Diese These wird dadurch untermauert, dass wir auch auf anderen Gebieten Erkennungsexperten sind, wie zum Beispiel Vogelbeobachter, die verschiedene Vogelrassen zu unterscheiden gelernt haben und deren FFA bei der Betrachtung von Vögeln aktiviert wird, allerdings in geringerem Maße.

KENNEN SIE DEN?

Für dieses Experiment benötigen Sie Fotos von 28 Personen (keine Berühmtheiten). In Magazinen oder im Internet sollten Sie fündig werden. Idealerweise sind die Fotos alle gleich groß und zeigen ausschließlich das Gesicht.

Jetzt testen Sie so viele Freunde wie möglich, aber immer einzeln. Zeigen Sie ihnen jeweils 14 Fotos, jeweils drei Sekunden lang. Markieren Sie diese Fotos auf der Rückseite, damit Sie sie nicht mit den nicht gezeigten verwechseln.

Der Hälfte Ihrer Freunde geben Sie für fünf Minuten etwas zu lesen, die andere Hälfte soll sich an einem kryptischen Kreuzworträtsel versuchen – erwiesenermaßen die beste Art, das Gesichtsgedächtnis zu erschüttern.

Jetzt kommt Phase zwei. Mischen Sie alle 28 Fotos und zeigen Sie sie Ihren Freunden, immer eins nach dem anderen. Ihre Freunde müssen sagen, ob das jeweilige Foto unter denen war, die sie vorher angesehen haben. Halten Sie die Ergebnisse unbedingt fest. Machen Sie nach jedem Gesicht eine Pause von 30 Sekunden, in denen die Freunde fortfahren sollen mit dem Lesen oder dem Rätsel.

Beim Zusammenrechnen der Ergebnisse werden Sie feststellen, dass die Freunde, die gelesen haben, deutlich mehr Treffer landen konnten als die Rätsler. Ist dies alles vollbracht, so haben Sie eine Studie nachgestellt, die der Psychologe Michael Lewis aus Cardiff im Fachmagazin *Perception* veröffentlicht hat.

Lewis gibt zu, dass er nicht sicher sei, warum gerade kryptische Kreuzworträtsel diese Auswirkung haben, für eine Erklärung verweist er auf die sogenannten Navon-Reize, die einen vergleichbaren Effekt haben. Dabei handelt es sich um große Buchstaben, sich aus mehreren einzelnen, kleinen Buchstaben zusammengesetzt sind. Was den Kreuzworträtseln und den Navon-Reizen zu eigen ist, ist, dass man offensichtliche, irrelevante Informationen unterdrücken muss, was möglicherweise der Verarbeitung von Gesichtsdaten unzuträglich ist. Lewis gab seinen Testpersonen übrigens auch einfache Kreuzworträtsel und Sudokus, die aber nicht zu Gesichtsblindheit führten.

Lassen sich Erinnerungen löschen?

Hochemotionale Erinnerungen oder solche mit ausgeprägtem Stressfaktor, etwa an den 11. September oder den ersten Arbeitstag, brennen sich in unser Gedächtnis, sie werden Blitzlichterinnerungen genannt. Der Vorgang ist evolutionär begründet: Wenn wir bedroht werden oder es geschieht etwas von fundamentaler Bedeutung für unser Leben, so müssen wir uns zum Zwecke des Überlebens später daran erinnern. Derselbe Vorgang hindert Menschen aber auch daran, Dinge zu vergessen, an die sie sich nicht erinnern wollen.

Das ungewollte wiederholte Erleben bedrohlicher Situationen in Flashbacks oder Albträume wird heute als posttraumatische Belastungsstörung (PTBS) bezeichnet (s. hierzu auch die Seiten 140–141), nach dem Ersten Weltkrieg als Kriegsneurose. Etwa 49 Prozent aller Vergewaltigungsopfer kennen PTBS und ungefähr 30 Prozent der Überlebenden nach Bombenanschlägen. Die ältesten Beschreibungen vergleichbarer Zustände finden sich bereits im alten Ägypten.

Erinnerungshemmer

In besonders bedrohlichen Situationen wird eine mandelförmige Struktur tief im Gehirn aktiviert: die Amygdala. Dadurch erfolgt ein Ausstoß von Adrenalin und Norepinephrin, die vermutlich auf den Hippocampus wirken, einem der zentralen Gedächtnisbausteine. Als Folge davon festigt sich diese Erinnerung besonders dauerhaft.

Die Erkenntnisse über die größeren Zusammenhänge ließen die Hoffnung aufkommen, die Bildung unangenehmer Erinnerungen blockieren zu können, damit PTBS gar nicht erst auftritt. Der Psychiater Guillaume Vaiva untersuchte beispielsweise die Wirkung von Propanolol, einem Betablocker, der bei Herzpatienten eingesetzt wird. Propanolol verbindet sich mit denselben Rezeptoren der Zelloberfläche wie Adrenalin und Norepinephrin. Auf diese Weise soll die Enttstehung dauerhafter traumatischer Erinnerungen durch Blockierung der Neurotransmitter unterbunden werden.

Vaiva traf mit den Krankenhäusern Douai und Lille in Frankreich das Abkommen, Unfall- und Gewaltopfern die Einnahme von Propanolol, jeweils sieben Tage lang, drei Mal täglich, anzubieten. Elf Patienten stimmten zu, acht lehnten ab, nahmen aber an der Studie teil. Die Schwere der Traumata war in den beiden Gruppen ausgeglichen. Als jedoch zwei Monate später ein Psychiater die Patienten besuchte, waren die PTBS-Symptome bei denen, die Propanolol genommen hatten, weitaus schwächer.

Das Medikament verwischte sogar traumatische Erinnerungen, die Jahre, sogar Jahrzehnte, zurücklagen. Die Forschung mit Mäusen hatte ergeben, dass es

während des Erinnerungsprozesses einen Zeitpunkt gibt, an dem die Erinnerung abgemildert oder gelöscht werden kann. Dadurch inspiriert, untersuchte der amerikanische Psychiater Roger Pitman, was geschieht, wenn man PTBS-Patienten, deren Erlebnisse lange zurücklagen, Propranolol verabreichen würde. Als diese Patienten eine Woche später eine Sprachaufzeichnung ihrer Erinnerungen hörten, war der Stress, den sie dabei empfanden, deutlich geringer als bei Testpersonen, die Placebos erhalten hatten.

Auch das Gehirnhormon Cortisol lässt sich hilfreich einsetzen. Der Intensivmediziner Gustav Schelling bemerkte, dass PTBS bei Patienten mit septischem Schock, denen das Immunsuppressivum Hydrocortison gegeben wurde, eine synthetische Form des Cortisols, seltener auftritt. Bisher wurden 14 Patienten vor einer Herzoperation damit behandelt, da es anschließend häufig zu postoperativem Stress, manchmal auch zu PTBS, kommt. Im Vergleich zu einer Gruppe, die Placebos erhielt, dämpfte Hydrocortison die Stresssymptome erheblich. Natürlich sind Studien größeren Maßstabs erforderlich, aber die ersten Ergebnisse machen Mut.

Ethische Bedenken

Die Experten sind sich weitgehend einig, dass es nur eine Frage der Zeit ist, bis wir so weit sind, dass wir Erinnerungen auslöschen können. Allerdings bestehen ethische Bedenken bezüglich einer Umsetzung. So könnten zum Beispiel Zeugen von Verbrechen manipuliert werden. Und was geschieht mit Leitgefühlen wie Schuld, wenn sich jeder ein reines Gewissen durch eine Tablette verschaffen kann?

10 Tipps für ein besseres Gedächtnis

Gedächtnishilfen
Im Jahr 2003 nahm Eleanor Maguire mit ihren Kollegen die Gehirne von zehn Gedächtnisweltmeistern unter die Lupe und fand – nichts. Nichts ungewöhnliches, zumindest in Struktur oder IQ. Als sie die Weltmeistergehirne und die von Durchschnittsmenschen einem Merkfähigkeitstest unterzogen, waren nur bei ersteren die Areale für Bewegung und Navigation aktiv, wahrscheinlich angeregt durch die mnemotechnische Loci-Methode der Champions, bei der die Dinge, die gemerkt werden sollen (wie Karten oder Zahlen), zum Beispiel als Objekte oder Menschen an verschiedenen Stellen auf einem vertrauten Weg ins Gedächtnis aufgenommen werden.

Rätsel
Das Sprichwort „Wer rastet, der rostet" sticht beim Thema Gehirnleistung. Robert Wilson untersuchte fünf Jahre lang 801 Nonnen, Priester und Mönche und zog das Fazit, dass diejenigen, die sich mit Kreuzworträtseln und Spielen beschäftigten, seltener von Alzheimer befallen wurden.

Handys
Handys stehen in der Kritik, es heißt, sie könnten Krebs verursachen, auch ist die Benutzung während des Autofahrens gefährlich. Allerdings berichtete die australische Psychologin Vanessa Keetley, dass Personen, denen man während eines Tests zum Kurzzeitgedächtnis ein Handy an der Schläfe befestigt hatte, besser abschnitten als die Personen ohne Handy. Die Forscher führten das darauf zurück, dass die Telefone den Blutfluss im dorsolateralen präfrontalen Kortex veränderten, der am Arbeitsgedächtnis beteiligt ist – kein Test, den man zu Hause durchführen sollte, bevor weitere Forschungsergebnisse vorliegen.

Wackelaugen
Andrew Parker und Neil Dagnall berichteten im Jahr 2007, dass Testpersonen, die nach Lernen einer Wortliste ihre Augen hin und her wackelten, sich an mehr Wörter erinnerten, als Personen, die geradeaus sahen oder ihre Augen hoch und runter bewegten. Sie erklären, dass die Rechts-Links-Bewegung die Kommunikation zwischen den Gehirnhälften anrege.

Zusammenfassen und integrieren
Wissensintegration – so nennt man den Vorgang, bei dem man das Wichtigste von dem gerade gelernten Stoff zusammenfasst und darüber nachdenkt, inwiefern er sich auf bereits vorhandenes Wissen bezieht oder auf Lebenserfahrungen. Sie können

das machen, indem Sie Freunden oder der Familie erklären, was Sie gelernt haben.

Eine Nacht darüber schlafen

Ausreichend Schlaf nach dem Lernen ist wichtig, damit das Gedächtnis den Input verarbeitet. Aber auch vor dem Lernen ist ein Nickerchen empfehlenswert. 2007 veröffentlichte Matthew Walker, dass Testpersonen mit Schlafmangel sich zu 19 Prozent weniger erinnerten als die ausgeschlafene Kontrollgruppe. Gehirnscans zeigten weniger Aktivität im Hippocampus der Übermüdeten, dort, wo neue Erinnerungen angelegt werden.

Schlaue Medikamente

Modafinil, das offiziell zur Behandlung von Narkolepsie dient, wird wegen seiner Auswirkung auf die Gehirnleistung und das Gedächtnis bereits mit anderen Stoffen als „kognitiver Enhancer" gefeiert. Es gab allerdings schon Bedenken über die Sicherheit und die Ethik bezüglich dieser Medikamente. 2007 forderten die Psychologinnen Barbara Sahakian und Sharon Morein-Zamir an die Forschung angepasste Vorschriften zur Anwendung.

Elektrifizieren Sie Ihr Gehirn

Kanadische Chirurgen versuchten, den Appetit eines zwanghaft essenden Mannes zu zügeln, indem sie eine Region tief im Gehirn, Hypothalamus genannt, stimulierten. Plötzlich erinnerte er sich an Dinge, die Jahrzehnte zurücklagen. Nun wird untersucht, wie man diese Erkenntnis bei Alzheimer-Patienten einsetzen kann.

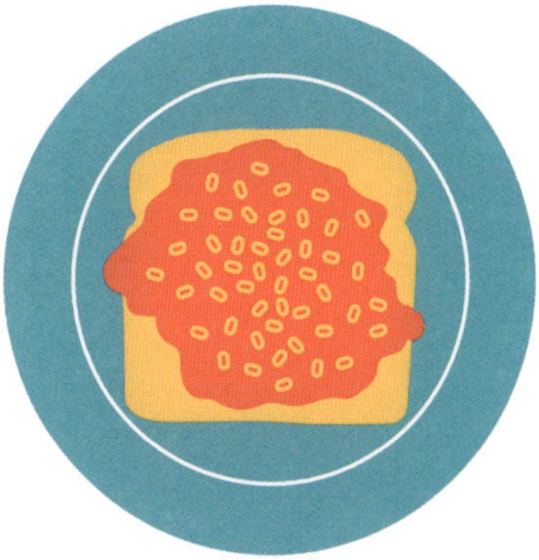

Gute Ernährung

Das Frühstück ist besonders wichtig. Die Ernährungswissenschaftlerin Barbara Stewart berichtete 2003, dass Kinder, besonders Mädchen, bei Aufmerksamkeits- und Gedächtnistests besser abschnitten, wenn sie Toast mit Bohnen hatten, statt nur Toast. Und essen Sie viel Fisch, die beste „Gehirnnahrung"! Die Fettsäuren im Fisch verhindern, dass Ihr Gehirn durch Trans-Fettsäuren verstopft.

Gut verteilt ist besser gelernt

Der Trick ist, nicht alles auf einmal zu lernen. Die Psychologen Doug Rohrer und Harold Pashler haben anhand von Tests herausgefunden, dass die beste Zeit, nach der Sie das Gelernte wiederholen sollten, 10 bis 30 Prozent der Zeit zwischen Lernen und anstehendem Test beträgt. Wenn Sie für einen Test in 10 Tagen lernen, machen Sie nicht zu viel auf einmal. Gucken Sie lieber einen Tag später in Ihre Unterlagen. Ist der Test in sechs Monaten, sehen Sie das Lernmaterial nach einem Monat durch.

Nostalgische Gefühle

Ach, als wäre es gestern gewesen: Meine Frau und ich schlendern im Sonnenschein die Champs Élysées hinunter, die Vögel zwitschern, der Verkehr zieht an uns vorbei – wie herrlich war das! Oh, ähm, das war wohl sehr nostalgisch. Wir alle haben diese Gefühle, aber was ist Nostalgie und wozu gibt es sie?

Das Wort stammt aus dem Griechischen, wobei nostos für Wiederkehr und algos für Schmerz steht. Die Ärzte im 17. und 18. Jahrhundert hielten Nostalgie denn auch für Melancholie oder sogar Nervenstörung. Heute denkt man anders darüber. So fanden Psychologen heraus, dass die Nostalgie uns aus Niedergeschlagenheit heraushelfen und unserem Leben in existentiellen Krisen Sinn geben kann.

Tim Wildschut ließ in einer Studie bei Dutzenden von Studenten den Grad der Einsamkeit ermitteln, aber mit einem Haken. Hinterher wurde ihnen ein falsches Feedback gegeben – der Hälfte wurde erzählt, sie seien außergewöhnlich einsam, der anderen Hälfte, sie seien viel weniger einsam als der Durchschnitt. Als Feedback-Verstärker sollten die Studenten darüber schreiben, warum sie so abgeschnitten hatten.

Anschließend wurde bei den Studenten anhand einer Liste von Aussagen, ähnlich denen auf Seite 45, der Nostalgiequotient untersucht. Es zeigte sich, dass die Studenten, denen größere Einsamkeit angedichtet wurde, auf der Nostalgie-Skala die höheren Werte erzielten. Das Ergebnis unterstützte die Annahme, dass die Nostalgie uns in schweren Zeiten Trost spenden soll.

Todesgedanken

In einer anderen Studie befragte Clay Routledge Studenten zu ihrer Vermutung, was nach ihrem Tod mit ihrem Körper geschehen würde. Anschließend sollten sie mehrdeutige Wortfragmente wie FRIED- komplettieren. Die Beschäftigung mit dem Tod spiegelte sich darin wider, dass die meisten FRIEDHOF sagten und nicht FRIEDEN. Auffällig war, dass die Studenten, die laut früherem Test stärker zu Nostalgie neigten, hierbei positivere Worte wählten. Wie die Psychologen vermuteten, soll Nostalgie uns vor Existenzangst schützen.

Die früheste Erinnerung

Die frühesten Erinnerungen der meisten Menschen stammen aus der Zeit, als sie zwischen dreieinhalb und vier Jahre alt waren. Dass das Gedächtnis vorher nichts

SIND SIE NOSTALGISCH?

Solche und ähnliche Aussagen verwendeten die Psychologen beim Nostalgie-Test:

1. Früher war es schöner.
2. Manchmal denke ich über schlimme Dinge nach, die ich erlebt habe.
3. In meinem Leben sind bisher mehr gute als schlechte Dinge geschehen.
4. Manchmal denke ich über verpasste Gelegenheiten nach.
5. Ich erinnere mich oft plötzlich an schöne Zeiten.
6. Ich denke nicht gern an früher, weil ich schlimme Dinge erlebt habe.
7. Manchmal denke ich wehmütig an meine Kindheit zurück.
8. Häufig denke ich an Reisen, die ich unternommen habe.

ERGEBNIS

Jedes „Ja" ergibt einen Punkt. Ziehen Sie für die Fragen 2, 4 und 6 jeweils einen Punkt ab.

0–1 Punkte: *Nicht im Zorn zurückblicken* – Sie sind völlig unnostalgisch.

2–3 Punkte: *Happy Days* – Sie sind ziemlich nostalgisch.

4–5 Punkte: *Gestern war ich noch so sorgenfrei* – Sie haben ständig zärtliche Gedanken an Ihre Vergangenheit.

gespeichert hat, wird als infantile Amnesie bezeichnet. Verwunderlich daran ist, dass Zwei- und Dreijährige sich sehr wohl an Dinge erinnern, die ein Jahr zurückliegen und damit belegen, dass auch früheste Erinnerungen im für die Sprache zugänglichen Langzeitgedächtnis angelegt waren.

Die Psychologin Carole Peterson hat 2005 herausgefunden, dass Kinder unter zehn Jahren frühere Erinnerungen hatten als ältere Kinder, dass es aber bei Kindern, die älter als zehn sind, und bei Erwachsenen keinen Unterschied mehr gibt. Die Forscherin hatte keine Erklärung dafür, was mit unseren frühesten Erinnerungen geschieht, wenn wir älter als zehn Jahre sind.

Profil

Elizabeth Loftus

„Das wirklich Erschreckende ist, dass das, was wir zu wissen glauben, wovon wir völlig überzeugt sind, nicht unbedingt der Wahrheit entspricht."
Loftus im Interview mit der Zeitschrift *Psychology Today*, 1996.

Fast 40 Jahre betreibt Elizabeth Loftus bereits Gedächtnisstudien. Ihre bekanntesten Arbeiten behandeln die Formbarkeit von Erinnerungen und Beeinflussbarkeit von Augenzeugen. In ihrer Laufbahn hat sie neben Morddrohungen auch die höchsten Psychologie-Auszeichnungen erhalten, unter ihnen der Grawemeyer Award 2005, der beeindruckende $ 200.000 wert ist. 2002 zählte sie die *Review of General Psychology* als höchstplatzierte Frau zu den 100 einflussreichsten Psychologen des 20. Jahrhunderts.

Am Anfang ihrer Karriere untersuchte Loftus, wie Menschen Tiere und Früchte klassifizieren, aber schnell wandte sie sich sozial relevanteren Themen zu. Mit äußerstem Erfolg: In Hunderten von Gerichtsprozessen war sie Gutachterin oder Beraterin, auch im Fall Michael Jackson, in den bosnischen Kriegsverbrecherprozessen in Den Haag und dem Verfahren gegen Scooter Libby. Heute ist Loftus eine angesehene Professorin an der Universität von Kalifornien in Irvine, nachdem sie 29 Jahre an der Universität von Washington in Seattle gelehrt hat.

Loftus hat faszinierende Studien über die Implementierung falscher Erinnerungen betrieben. In einer frühen Studie wurden erwachsenen Testpersonen Ereignisse aus ihrer Kindheit vorgetragen, die von Verwandten stammten. Es wurde eine falsche Erinnerung vorgetragen, daran, in einem Kaufhaus verloren gegangen zu sein. Die Personen wurden gebeten, eigene Erinnerungen an den Vorfall, soweit vorhanden, beizutragen. Zwei Wochen später wurde das Thema noch einmal behandelt, wobei viele Testpersonen angaben, sich an die ausgedachte Erfahrung zu erinnern, manchmal sogar mit eigenen Details.

SPIELEN SIE MIT DEM GEDÄCHTNIS IHRER FREUNDE

Erstellen Sie zuerst eine Liste mit 20 bis 40 wahrscheinlichen Erfahrungen, die ein Kind macht, so wie „Hatte Ärger wegen Redens im Unterricht“, „Habe den Weihnachtsmann im Einkaufscenter besucht“, „Der Zahnarzt hat mir einen Zahn gezogen“ und so weiter. Fügen Sie der Liste folgende kritischen Punkte zu: „Zerstieß das Fenster mit meiner Hand“, „Ein Rettungsschwimmer zog mich aus dem Wasser“, „Bekam Ärger, weil ich 110 angerufen habe“.

Bitten Sie einen Freund, auf der Liste abzuhaken, was er davon erlebt hat. Bei jedem Punkt soll er angeben, wie sicher er sich dabei ist. Anschließend geben Sie ihm vier Minuten Zeit, um über die kritischen Punkte nachzudenken und darüber etwas aufzuschreiben, auch, wenn er ziemlich sicher ist, dass das nicht passiert ist.

Reden Sie anschließend zwei Wochen nicht darüber. Dann legen Sie Ihrem Freund die Liste noch einmal vor, wieder soll er die Wahrscheinlichkeit angeben. Inzwischen sollte Ihr Freund überzeugt sein, die kritischen Punkte erlebt zu haben. Wenn ja, dann haben Sie ein Experiment von Charles Manning, einem Studenten von Elizabeth Loftus, nachgestellt und gezeigt, wie leicht es ist, Fiktion mit Wahrheit zu mischen – Bestandteil des Prozesses, der in falschen Erinnerungen mündet.

Trauma-Erinnerungs-Therapie

In einer neueren Studie brachte Loftus Hunderte von jungen Studenten dazu, kein Erdbeereis mehr zu mögen, indem sie über ein Computerprogramm das Feedback verbreitete, den Testpersonen sei als Kind schlecht davon geworden.

Ihre Forschungen auf diesem Gebiet wurden kontrovers aufgenommen, weil einige Therapeuten behaupteten, sie könnten die lange unterdrückten Erinnerungen ihrer Patienten an einen Missbrauch wiederfinden – die Trauma-Erinnerungs-Therapie. Loftus' Ergebnisse lassen vermuten, dass Erinnerungen in vielen Fällen unecht sind. Auch hat sie bewiesen, wie beeinflussbar Zeugen sind. Bereits kleinste Veränderungen in der Art der Befragung können ihre Aussage verwirren. Fragt man beispielsweise, wie schnell zwei unfallbeteiligte Autos ineinander gerast sind, so wird die Geschwindigkeit höher geschätzt, als bei der Formulierung, wie schnell sie aufeinander zu gefahren sind.

Übung 2

Gedächtnis

DAS PROBLEM:

Sie haben ein Bewerbungsgespräch und sind ziemlich nervös. Plötzlich wirft Ihnen Ihr Gesprächspartner einen leichten Ball zu: „Erinnern Sie sich an die letzten drei Präsidenten der USA?“. Das ist leicht, denken Sie: Obama, Bush. Aber dann ist da nur noch Leere in Ihrem Gedächtnis. Ihr Gesprächspartner hebt fragend die Augenbraue, die Wände des Raumes kommen auf Sie zu. Wie können Sie sich aus dieser Lage befreien?

DIE METHODE:

Viele Menschen kennen das: Sie vergessen etwas, wovon sie felsenfest wissen, dass sie es wissen. Ein Grund dafür ist etwas, das Interferenz genannt wird. Auf der Suche nach dem relevanten Präsidenten füllte sich Ihr Denken mit den Namen vieler anderer Präsidenten, deren Präsenz zu stark war, so dass sie die richtige Antwort verdrängten.

Im Jahr 2011 wurde der republikanische Präsidentschaftskandidat Rick Perry in einer national ausgestrahlten Fernsehdebatte gefragt, welche Ministerien er abschaffen wollte. Er nannte die ersten beiden, aber das dritte wollte ihm nicht einfallen. Vor Millionen von Zuschauern erlebte er die Demütigung, seine eigene Politik nicht in Worte fassen zu können. Je stärker der Moderator drängte, umso mehr wand Perry sich. Er verschlimmerte die Situation noch, indem er immer wieder die beiden schon genannten Ministerien aufzählte und so seine Chancen, sich zu erinnern, weiter minimierte.

Eine klassische Studie aus dem Jahr 1960 verdeutlicht, wie Erinnerungen in unsere Aufmerksamkeit drängen. Teilnehmern wurden 25 der 50 US-Staaten aufgesagt, den Rest sollten sie hinzufügen. Das fanden sie schwieriger, als diejenigen, die alle 50 Staaten angeben sollten. Es schien, als würden die 25 vorgelegten Staaten die Aufmerksamkeit der Testpersonen voll und ganz auf sich ziehen.

DIE LÖSUNG:
Zurück zum Bewerbungsgespräch: Dafür sind noch zwei weitere psychologische Erkenntnisse interessant. Wenn wir uns zu sehr bemühen, etwas Bestimmtes aus unseren Gedanken zu verbannen, gibt es normalerweise einen Rückschlag, einen „ironischen Rebound". Ähnlich ist es, wenn wir krankhaft versuchen, die richtige Antwort zu finden und damit nicht weiterkommen. In dem Fall ist es wichtig, sich zu entspannen, etwas weniger verkrampft (an den falschen Orten) zu suchen und die falschen Antworten nicht so vehement zu bekämpfen.

Eine Studie aus dem Jahr 2008 beschäftigt sich mit dem Zungenspitzenphänomen – wenn das gesuchte Wort gerade nicht verfügbar ist. Amy Warriner und Karin Humphreys lockten diesen Zustand bei Testpersonen hervor, indem sie ihnen Bilder von ungewöhnlichen Dingen, wie einem Abakus, zeigten. Je länger sie dabei die Person zappeln ließen, bevor sie die Situation auflösten, umso wahrscheinlicher würde sich dieselbe Szene beim nächsten Durchgang zwei Tage später wiederholen. Es schien, dass die lange Suche am verkehrten Ort sich als Gewohnheit eingeprägt hatte.

Wenn Sie nun während Ihres Bewerbungsgespräches in die mentale Sackgasse geraten, bitten Sie höflich aber bestimmt darum, zur nächsten Frage überzugehen. Stellen Sie dem Fragenden in Aussicht, dass Sie die richtige Antwort später liefern. Wenn Sie nun Ihren mentalen Fokus auf ein anderes Objekt richten, rutschen die falschen Erinnerungen wieder an die richtigen Stellen. Noch wichtiger ist vielleicht, dass Sie sich durch den Abbruch nicht noch weiter in die falsche Richtung verrennen.

Nach nur wenigen Minuten Beschäftigung mit einem anderen Thema springt dann plötzlich „Bush Jr." in Ihre Gedanken. Kommt der Interviewer auf die Präsidentenfrage zurück, können Sie ihm fröhlich mit der richtigen Antwort den herablassenden Ausdruck aus seinem Gesicht wischen.

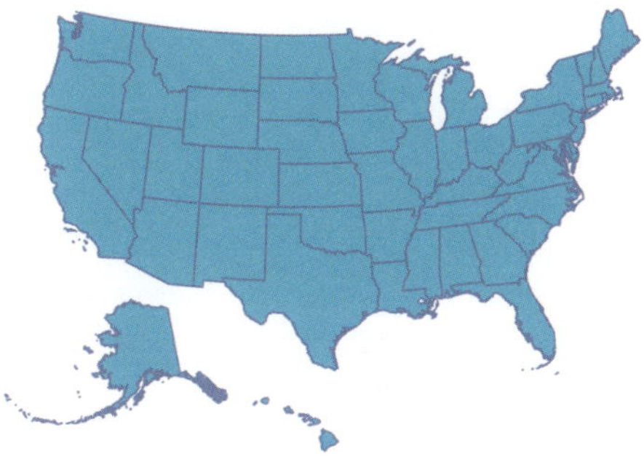

Kapitel 3

Kognition

Anfang des 20. Jahrhunderts bestimmten einige Psychologen, die Behavioristen, man dürfe nur äußeres Verhalten beobachten und müsse die Geistesaktivitäten außer Acht lassen. Das änderte sich Anfang der 1950er Jahre mit dem Siegeszug der Erkenntnistheorie, als Psychologen sich immer stärker auf die inneren Prozesse konzentrierten. In diesem Kapitel werden geistige Funktionen behandelt, wie Sprache, Intelligenz und Zahlenverarbeitung.

Fünf Schwachstellen des Denkens

Wir halten uns gerne für rationale Wesen, tatsächlich sind wir aber voreingenommen, neigen zu Selbstbetrug und unsicheren Gedankengängen. Hier sind fünf Beispiele:

Kennen Sie sich?
Wir nehmen uns Dinge vor, die mit bevorstehender Umsetzung immer weniger reizvoll erscheinen, so sind wir passive Mitglieder im Fitnessstudio oder schieben den Verwandtenbesuch immer wieder hinaus. Als ob unser zukünftiges Ich ausdauernder und geduldiger sein würde! Es gibt aber auch eine positive Seite: Man hat herausgefunden, dass wir unsere Fähigkeit unterschätzen, mit schlimmen Situationen fertig zu werden. Gesunde Personen wurden befragt, wie sich wohl eine chronische Krankheit auf ihre Stimmung auswirken würde. Sie nahmen an, sie wären am Boden zerstört. Als jedoch Psychologen die Stimmung bei Patienten mit Nierenerkrankungen im Endstadium untersuchten, zeigte sich, dass sie genauso glücklich waren wie die gesunde Kontrollgruppe.

Unbegründeter Optimismus
Wir unterschätzen unsere Qualitäten in schwierigen Zeiten, paradoxerweise sind wir übermäßig optimistisch in der Annahme, dass schlimme Dinge nur den anderen passieren. Unzählige Studien haben ergeben, dass Studenten für sich von einer unterdurchschnittlichen Wahrscheinlichkeit ausgehen, Alkoholiker zu werden, einen frühen Herzinfarkt zu erleiden oder den Job zu verlieren. Raucher glauben, andere sind viel empfänglicher für die Nebenwirkungen der Zigaretten. Frischverheiratete kennen die Scheidungsrate, sind sich aber sicher, dass ihre Ehe erfolgreich sein wird. Junge Menschen glauben nicht, dass sie schnell schwanger werden oder Aids bekommen. Männer interpretieren das Lächeln einer Frau als Interesse an ihnen. Benutzer von Kreditkarten wählen häufig Karten mit hohen Zinssätzen und niedrigem jährlichen Beitrag, weil sie die Schulden, die sie anhäufen, nicht voraussehen.

Wir geben großzügiger an Einzelne als an Viele
Zweifellos halten Sie sich für fair. Wenn Sie allerdings so wie der Rest von uns gestrickt sind, dann geht Ihnen ein Einzelschicksal mehr an die Nieren als ein Massenunglück. Man denke an die weltweite Betroffenheit im Fall der kleinen Britin Madeleine McCann, die in Portugal verschwand, während gleichzeitig jeden Tag Tausende von Kindern verhungern, verschwinden oder getötet werden. Die Psychologin Deborah Small erforschte die Auswirkungen auf Testpersonen, denen man diesen Widerspruch aufzeigte. Sie gaben daraufhin keine höheren Spenden an die hungernden Afrikaner, sondern weniger für das siebenjährige Mädchen, über dessen Schicksal sie gelesen hatten.

Der Zauber des Einen
Irgendetwas an einer Einheit oder einer ganzen Portion finden wir anziehend. Andrew Geier vermutet, dass auch unsere irrationalen Essgewohnheiten daher rühren. Im Eingang eines Mietshauses ließ er eine Schale M&Ms stellen, dazu ein Schild, auf dem stand: „Bitte bedienen Sie sich." Wie viele Süßigkeiten die Mieter nahmen, war abhängig davon, wie groß der Löffel in der Schale war – je größer, desto mehr M&Ms wurden genommen. In einem vergleichbaren Test wurden – nach Gewicht gemessen – entweder 60 ganze Bretzeln oder 120 halbe Brezeln angeboten. Nach Gewicht gemessen wurden sehr viel mehr ganze als halbe Gebäckstücke genommen. Das Verhalten findet sich auch in anderen Bereichen unseres Lebens wieder. Bei der Aufführung seines Double Features *Grindhouse: Planet Terror / Death Proof* erfuhr Quentin Tarantino, dass die Zuschauer gerne mal einen langen Film sehen, aber nicht zwei Filme hintereinander. So wie eine Fahrt mit dem Karussell normalerweise ausreicht, ob sie nun fünf Minuten oder eine halbe Stunde dauert.

Einfache Namen sind sexy
Seit Jahren versuchen Wirtschaftsexperten vergeblich, die Preisfluktuationen auf dem Aktienmarkt vorauszusehen. Sie machen einen Fehler, wenn sie annehmen, dass Anleger die Aktien unter rationalen Gesichtspunkten wählen. Freude wäre aufgekommen, hätten sie die menschliche Neigung zu leicht zu verarbeitenden Informationen beachtet. Denn als Adam Alter und Daniel Oppenheimer (Princeton) die Aktienmarktberichte eines Jahres analysierten, stellten sie fest, dass mehr neue Aktien von Firmen mit leicht auszusprechenden, flüssigen Namen wie Barnings Incorporated gehandelt wurden als Aktien von Firmen wie Aegeadux Incorporated.

Eine Frage der Intelligenz

Es gibt wohl mehr Definitionen von Intelligenz als es Experten für Intelligenz gibt. In der Psychologie ist man sich noch nicht einmal einig, wie viele Typen von Intelligenz existieren.

Eine Palette an Intelligenz

Der Ex-Offizier und Psychologe Charles Spearman behauptete in den frühen 1920er Jahren, dass es lediglich eine Form der Intelligenz gäbe, was erklärt, warum das Ergebnis in einem Intelligenztest die Leistung beim nächsten vorhersagen kann. Demgegenüber steht die Aussage der Psychologin Joy Guilford, es gäbe 120 verschiedene Typen. Howard Gardner von der Harvard University hat sich für einen Wert dazwischen entschieden und vermutet zwischen sieben und neuneinhalb Formen der Intelligenz, einschließlich Musikalität und kinästhetischer Fähigkeiten.

Wozu dient Intelligenz?

Wie können wir über Intelligenz sprechen, wenn es kein einheitliches Konzept gibt? Trotz aller Widersprüche sind sich die meisten Fachleute einig, dass Intelligenz damit zu tun hat, wie jemand lernt und Informationen verarbeitet. Wird ein Mensch in seinem Kulturkreis für intelligent gehalten, so bedeutet das, er hat die Mittel, erfolgreicher in ihm zu wirken als jemand, der als unintelligent angesehen wird. Daraus folgt, dass eine sinnvolle Erfassung von Intelligenz einen prädiktiven Wert haben sollte.

Nimmt man Intelligenztests unter diesem funktionalen Aspekt unter die Lupe anstatt philosophisch, scheinen sie wirklich einen Wert festzustellen. Durch Intelligenztests wurden Testleistungen, Arbeitsleistungen und sogar die Sterblichkeit vorhergesagt. Sie bewerten berufliche Leistungen besser als Bewerbungsgespräche, Zeugnisse oder Ausbildungsdauer. Biologische Werte wie Gehirngröße und Reaktionsvermögen stehen in Relation zur Intelligenz, sie ist häufig familieneigen, was die Idee festigt, man könnte etwas Konkretes messen.

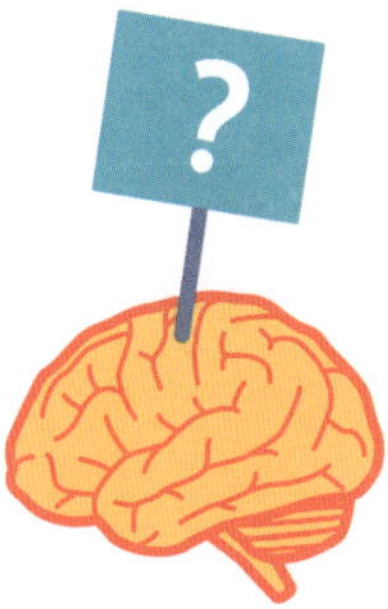

Sind die Menschen heute schlauer?

Im Verlauf der letzten hundert Jahre hat jede Generation bei Intelligenztests besser abgeschnitten als die Generation zuvor, was vermuten lässt, dass wir schlauer werden. Dieses Muster, nach dem Erfinder Professor James Flynn von der University of Otago in Neuseeland „Flynn-Effekt" benannt, ist in allen Ländern seit langer Zeit zu beobachten.

Flynn glaubt nicht, dass wir schlauer werden, sondern dass das moderne Leben und der technische Fortschritt unser

BEISPIELE FÜR INTELLIGENZTESTFRAGEN:

1. Schlüssel verhält sich zu Schloss, wie Hand zu ... wählen Sie: **(a)** Tür **(b)** Handschuh **(c)** Uhr **(d)** Riegel **(e)** Safe oder **(f)** Handfläche

2. Sehen Sie sich die Zahlenreihe an: 41, 27, 16, 8, ..., 1 und wählen sie die fehlende Zahl aus:
(a) 10, **(b)** 2, **(c)** 7, **(d)** 3, **(e)** 64

3. 420 Menschen leben in vier Orten. Die Hälfte lebt im größten Ort, die restlichen verteilen sich gleichmäßig auf die drei kleineren Orte. Wie viele Menschen leben in jedem kleineren Ort?

4. Wie heißt die Hauptstadt von Australien?

5. I II III
II **III** **I**
III I ?

Welches der folgenden Symbole wird gesucht?
(a) **II** **(d)** III
(b) II **(e)** **I**
(c) IIII **(f)** **II**

6. Kanu Fisch
Welches der folgenden Wörter hat etwas gemeinsam mit den obenstehenden, nicht aber mit den anderen Wörtern: **(a)** Traktor, **(b)** Hund, **(c)** Skier, **(d)** U-Boot, **(e)** Fahrrad, **(f)** Kaninchen

ANTWORTEN
1. b **2.** 3 **3.** 70 **4.** Canberra **5.** b **6.** d

Denken beeinflusst hat. Er sagt, dass wir auf Ähnlichkeiten von Gegenständen achten, wohingegen unsere Vorfahren sich dafür interessierten, wofür sie benutzt werden konnten.

Werden wir beispielsweise gefragt, was ein Hund und ein Kaninchen gemeinsam haben, wissen wir, dass beide Säugetiere sind. Ein früherer Mensch hätte gewusst, dass man einen Hund zur Kaninchenjagd einsetzt. Bei den Intelligenztests hat unsere größte Entwicklung auf der Ähnlichkeits-Subskala der Wechsler-Intelligenzskala für Kinder stattgefunden, nur wenig hat sich im mündlichen oder Allgemeinwissen verbessert. Auch bei einem Test, der Ravens Progressive Matrizen heißt, einem stark visuellen Test, haben wir Fortschritte erzielt (dort findet man Fragen wie im Kasten oben, Nr. 5). Hier argumentierte Flynn, dass das Ergebnis wahrscheinlich auf die Allgegenwart des Fernsehens und der Computer zurückzuführen sei, die das Leben visueller und abstrakter machen. Wären wir wirklich intelligenter als früher, würden wir vergleichbare Fortschritte bei mathematischen Fähigkeiten vorweisen, aber gerade dort sind keine zu verzeichnen.

Gestörte Wahrnehmung

Frühere Neuropsychologen machten viele ihrer wichtigsten Entdeckungen, wenn sie Patienten mit partiellen Hirnschäden beobachteten. Klagte jemand über Schwierigkeiten mit dem Kurzzeitgedächtnis und stellte man später bei der Autopsie eine Hirnschädigung fest, dann lag es nahe, wenn auch unbegründet, dass die betroffene Gehirnpartie mit dem Kurzzeitgedächtnis zu tun hatte. Auch konnte der Psychologe schlussfolgern, dass der versehrte Teil nicht für die geistige Gesundheit des Patienten verantwortlich war, da diese intakt gewesen war.

Aufteilung des Gehirns

Als Fortsetzung dieser Beweisführung haben Neuropsychologen besonderes Augenmerk auf die Fälle gelegt, in denen ein Patient ein Defizit hatte (z.B. im Kurzzeitgedächtnis), aber nur das, während der zweite Patient das entgegengesetzte Problem (Langzeitgedächtnis) hatte, aber ein intaktes Kurzzeitgedächtnis. Dies wird doppelte Dissoziation genannt und ist ein beweiskräftiges Argument dafür, dass beide Abteilungen eigenständig arbeiten. Wenn die Patienten zusätzlich noch unterschiedliche Formen des Hirnschadens haben, können weitere Rückschlüsse über die neuroanatomischen Grundlagen der betroffenen Domäne gezogen werden.

Eins der berühmtesten Beispiele dieser Annäherung an die Psychologie stammt aus dem 18. Jahrhundert von dem französischen Chirurgen Paul Broca und dem deutschen Neurologen Carl Wernicke. Broca berichtete von einem Patienten, dessen hinterer Teil des linken Frontallappens beschädigt war, dessen Verständnis intakt war, der aber nur noch eine Silbe hervorbrachte: tan. Daher sein Spitzname Tan-tan. Wernicke beschrieb Patienten mit defektem Temporallappen, deren Verständnis zerstört war, die aber ihre Sprache behalten hatten, die häufig als gebrabbelter Unsinn aus ihnen herausquoll. Gemeinsam betrachtet zeigen diese Fälle, dass das Hirn Verständnis und Sprachproduktion trennt.

Versuchen Sie das nicht zu Hause

Psychologen können diesen Zustand imitieren, indem sie einen Magneten an eine bestimmte Stelle des Gehirns eines Freiwilligen halten und so eine vorübergehende, „virtuelle" Störung verursachen. Diese Technik heißt Transkraniale Magnetstimulation (TMS). Entwickelt wurde sie von Forschern an der Sheffield University in den frühen 1980er Jahren. Der pulsierende Magnet verändert schnell das magnetische Feld im darunter liegenden Gewebe und dadurch die elektrische Kommunikation zwischen den Gehirnzellen. Niedrig frequenzierte Stimulierungen verringern im Allgemeinen die Gehirnaktivitäten, höhere Frequenzen erhöhen sie.

Durch das Ausschalten eines bestimmten Gehirnareals ändert sich eventuell das Verhalten, so dass Forscher zuverlässig schließen können, dass dieser Teil des Gehirns „notwendig" für ein bestimmtes Verhalten ist. Eine andere Technik scannt das Gehirn während eines bestimmten Verhaltens. So kann man feststellen, welche Teile aktiv sind und weiß, ob Verhalten und Gehirnregion zusammengehören.

In den vergangenen Jahren wandten Psychologen TMS auch auf andere Weise an: zum Beispiel Alessio Avenanti, der 2005 die Motorikregion in den Gehirnen der Teilnehmer so manipulierte, dass ihre Hände zuckten. Dabei fiel ihm auf, dass das Zucken schwächer war, wenn es ausgelöst wurde, während die Testperson jemand anderen beobachtete, dem der Trigger in die Hand injiziert wurde. Nicht in den Fuß und auch nicht, wenn einer Tomate die Injektion verabreicht wurde. Die Schlussfolgerung ist, dass unser Gehirn die Bewegungsaktivität in dem betroffenen Körperteil blockiert, wenn wir jemanden beobachten, der Schmerz erleidet, als ob wir diesen Schmerz selbst fühlen würden. Avenantis Experiment trägt zu der sich festigenden Beweislage bei, dass wir mit anderen Menschen leiden, indem wir ihre Erfahrung in unserem Gehirn simulieren.

WAS WAR NOCH MAL PHRENOLOGIE?

Die Phrenologen des 18. und 19. Jahrhunderts vertraten die moderne Ansicht, dass der Geist im Gehirn verankert ist. Damals war man allerdings der Ansicht, alle Persönlichkeitsmerkmale seien in einem bestimmten Teil des Gehirns zusammengefasst und man könne sie über Erhebungen am Schädel ablesen. Das widerspricht dem Wissen heutiger Psychologen, denn unterschiedliche mentale Prozesse sind in verschiedenen Gebieten verortet. In der Blütezeit der Phrenologie wurde sie weltweit intensiv betrieben. Heutzutage glauben Skeptiker, dass die Verortung von Gehirnfunktionen in der Psychologie zu weit geht und bezichtigen ihre gehirn-einteilenden Kollegen moderner Phrenologie.

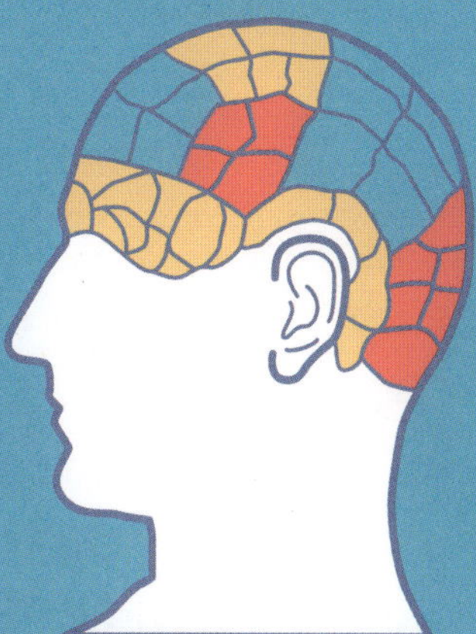

Die Sprache der Gedanken

Können wir über etwas nachdenken, für das wir keine Wörter haben? Der Linguist Edward Sapir und sein Student Benjamin Whorf behaupteten in der ersten Hälfte des 20. Jahrhunderts, das sei unmöglich, da die Gedanken durch die Sprache beschränkt würden. Heute kennen wir ihre Ansichten als Sapir-Whorf-Hypothese.

Die Idee dahinter lässt sich vermutlich am besten mit einem urbanen Mythos über Inuit erläutern. Weil sie so viele Wörter für Schnee haben, sollen sie in der Lage sein, verschiedene Arten des wattigen Stoffs zu unterscheiden. Oder demgegenüber: Weil es bei uns nur das eine Wort „Schnee" gibt, ist er für uns eben nur „Schnee".

Der Beweis ist zweifelhaft. Wie die Sprache die Gedanken beeinflusst, zeigt eine Studie über den 200 Personen starken Pirahã-Stamm im Amazonas-Gebiet, der nur zwei Zahlwörter kennt: „hoi" mit Betonung und „hoi" ohne Betonung für „eins" und „zwei". Jede Menge größer als zwei wird „viel" genannt. Es überrascht nicht, dass der Stamm kein Geld hat, sondern Tauschhandel betreibt.

Der Psychologe Peter Gordon von der Columbia University in New York reiste nach Brasilien und führte mit den Pirahã Zuordnungstests durch. Er legte beispielsweise Batterien nebeneinander und bat die Pirahã, dieselbe Anzahl zu legen. So lange er ein, zwei oder drei Batterien legte, klappte das, aber je größer die Menge Batterien war, umso ungenauer wurde das Ergebnis. Anders ausgedrückt: Der Stamm konnte nicht mit einer Menge umgehen, für die er kein Wort hatte.

Andererseits hat Stanislas Dehaene vom Collège de France in Paris festgestellt, dass Menschen über Konzepte nachdenken können, für die sie keine Wörter haben. Sein Team besuchte einen anderen Stamm im Amazonas-Gebiet, die Munduruku, die geometrische Probleme lösen und eine Karte benutzen konnten, ohne dass es in ihrer Sprache Worte für Raumverhältnisse gab.

Eine Studie, die einen Kompromiss anbot, wurde 2004 von Susan Hespos und Elizabeth Spelke veröffentlicht. Sie fanden heraus, dass 5-Monate alte Babys, die im englischsprachigen Umfeld heranwuchsen, einer begrifflichen Abgrenzung gegenüber sensibel sind, die im Englischen schwach, aber im Koreanischen deutlich ist: nämlich ob zwei Objekte eng oder weiter entfernt zueinander stehen. Babys schauen schnell weg, wenn etwas sie langweilt, aber Hespos und Spelke stellten fest, dass das Interesse wieder aufflammte, wenn die Lage der Objekte zueinander sich veränderte. Englisch sprechende Erwachsene bemerkten den Unterschied nicht. Das Experiment zeigt, dass wir zwar Konzepte wahrnehmen, die wir nicht benennen können, aber dass die Sprache, in der wir aufwachsen, die Konzepte bestimmt, die wichtig für uns sind.

Warum fluchen wir?

Teufel noch mal, warum eigentlich? Entschuldigen Sie, die Einleitung sollte lediglich einen Zweck von Tabuwörtern

demonstrieren, nämlich den verbalen, emotionalen Hieb. Neuroimaging-Studien haben ergeben, dass eine Reaktion im Gefühlsareal des Gehirns ausgelöst wird, wenn wir Schimpfwörter hören. Ihr Macht-Code ist noch nicht geknackt, sicher ist aber, dass sich Schimpfwörter weltweit um dieselben Dinge drehen: sexuelle Beziehungen, Genitalien und Fäkalien. Die Bedeutung allein lässt ein Wort jedoch nicht tabu werden, schließlich wohnt medizinischen Ausdrücken nicht solche Macht inne. Die Kombination aus Bedeutung und Klang muss wohl das Besondere ausmachen.

Sprachregler

Es ist schon bemerkenswert, dass mehrsprachige Menschen sich auf eine Sprache konzentrieren können, ohne zwischen den Sprachen hin- und herzuspringen. Es gibt die Theorie des Sprachreglers, der vorne im Gehirn sein soll. Berichte von Kuan Kho über zwei Patienten, an denen Gehirnoperationen vorgenommen wurden, um ihre Epilepsie zu heilen, bestätigen das. Der Holländisch-Englisch-sprachige Patient war nach der Narkotisierung der Hälfte seines Gehirns sehr englisch: Eine Geschichte, die er kurz zuvor gehört hatte, konnte er nur auf Englisch wiedergeben, Holländisch sprach er nur noch mit englischem Akzent. Der andere Patient sprach Französisch und Chinesisch. Während die Chirurgen sein Gehirn mit einer Elektrode behandelten, um eine sprachrelevante Stelle zu finden, sollte er laut zählen. Er fing auf Französisch an (… cinq, six, sept). Als die Chirurgen die Elektrode vorn an seine linke Hirnhälfte legten, wechselte er sofort ins Chinesische (… ba, jiu, shi).

Dyslexie

Der Begriff stammt aus dem Griechischen und bedeutet: Probleme mit Wörtern. Als Erster soll der englische Hausarzt W. Pringle Morgan Dyslexie beschrieben haben, der 1896 über einen 14-jährigen Jungen mit „Wortblindheit" berichtete. Percy wurde als aufgeweckt und intelligent beschrieben, aber er tat sich mit dem Lesen schwer. Heute vermutet man Dyslexie bei mindestens 5 Prozent der Menschen. Sie scheint vererbbar zu sein, hat also vermutlich eine genetische Komponente. Häufig gehen Begleitsymptome einher, wie Rechts-Links-Verwechslung oder Haltungsinstabilität.

Menschen mit Dyslexie kämpfen mit den Lauten, Phoneme genannt, aus denen Wörter bestehen. Jemand ohne Dyslexie hätte kein Problem, ein Juxwort wie „Bagadibu" auszusprechen, weil er die Buchstaben in die entsprechenden Laute übersetzen würde. Ganz anders eine Person mit Dyslexie.

Dennoch ist die Diagnose nicht so einfach, wie man meinen könnte. Verbreitet ist die Annahme, dass sich Dyslexie dadurch zeigt, dass ein Kind mehr Schwierigkeiten mit dem Lesen hat, als seine Intelligenz erwarten lässt. Aber bei schlechten Lesern von geringer Intelligenz tauchen dieselben Fehler beim Lesen und dieselben Probleme mit Wortlauten auf. Auch profitieren beide Gruppen gleichermaßen von Maßnahmen zur Abhilfe. Fachleute halten das Konzept Dyslexie daher für hinfällig. Allen leseauffälligen Kindern sollte so früh wie möglich geholfen werden, unabhängig von ihrer Intelligenz.

Die meisten Therapien für Dyslexie vermitteln schwerpunktmäßig phonologische Fähigkeiten, damit die Kinder die Laute, aus denen sich Wörter zusammensetzen, verarbeiten können. Andere, kontrovers diskutierte Behandlungen befassen sich mit der Ursache der Dyslexie bei den Kindern. Es gibt Fachleute, die das Problem auf die eingeschränkte Fähigkeit, schwarz auf weiß lesen zu können, zurückführen, weswegen sie als Hilfsmittel getönte Brillengläser verschreiben. Wieder andere vermuten eine Anomalität im Kleinhirn, das an der Steuerung der Bewegungen beteiligt ist und vertrauen einer bewegungsbasierten Therapie.

Erworbene Dyslexie

Im Allgemeinen wird Dyslexie als Leseschwäche bezeichnet, es gibt aber Menschen, bei denen sie durch eine Hirnschädigung entsteht. Bei einer phonologischen Dyslexie, die für Kinder typisch ist, werden Buchstaben nicht in Laute umgesetzt. Die Oberflächendyslexie bewirkt das Gegenteil: Der Patient ist in der Lage, Buchstaben in Laute zu übersetzen, aber er kann keine ganzen Wörter lesen. Sie sprechen unsinnige Worte wie „Bagadibu", die den normalen Buchstabe-Laut-Beziehungen entsprechen, problemlos aus, aber es ist unmöglich für sie, ein unregelmäßiges

Wort „Orange“ zu lesen, das im Ganzen erfasst werden muss. Eine weitere Form ist die Tiefendyslexie, bei der es Probleme mit der Wortbedeutung gibt. Ein betroffener Patient liest vielleicht statt „Bus“ eher „Tram“, weil er die beiden verwechselt hat.

Der Junge mit der Hyperlexie

Häufig sind Kinder, die mit ihrer Dyslexie kämpfen, mit einer völlig normalen Intelligenz ausgestattet. Im Gegensatz zu einem vierjährigen autistischen Jungen, dessen Fall im Jahr 2006 dokumentiert wurde. Er mühte sich mit allen geistigen Aufgaben, außer mit dem Lesen. Er las sogar unglaublich gut und sprach selbst schwierige Worte wie „Pyjama“ richtig aus. Seine Mutter sagte, er hätte schon mit knapp zwei Jahren eifrig die Zeitung studiert. Keith Atkin und Marjorie Lorch hielten den Fall fest. Sie schlossen, dass die derzeitige Forschung nicht erklären kann, wie es zu den Lesefähigkeiten des Kindes kam. Sie wussten allerdings nicht, wie viel von dem Gelesenen er verstand, da seine Kommunikationsfähigkeit durch den Autismus eingeschränkt wurde.

Profil

Jean Piaget

„Möchte man Piagets Einfluss auf die Entwicklungspsychologie einschätzen, geht es einem wie mit Shakespeare und der englischen Literatur oder Aristoteles und der Philosophie – es ist unmöglich. Der Einfluss ist zu monumental und gleichzeitig zu omnipräsent.“ Anonymer Leserbrief zu einem Artikel über Piaget aus dem Jahr 1992.

Piaget, 1896 in Neuenburg in der französischen Schweiz geboren, wurde einer der einflussreichsten Denker des 20. Jahrhunderts und nach Sigmund Freud der meistzitierte Psychologe. Er ersann die genetische Epistemologie, bei der es um Erkenntnisentwicklung geht. 75 Bücher und Hunderte Artikel gibt es von ihm, noch immer ist er in der Bildungspraxis und der Entwicklungspsychologie sehr präsent.

Piaget galt als Wunderkind, das mit elf Jahren den ersten Fachartikel über einen Albino-Sperling herausbrachte. Später war er von Weichtieren fasziniert und arbeitete als Teenager unentgeltlich im Naturkundemuseum. Für seine Weichtier-Studien erhielt er 1918 seine Promotion, anschließend arbeitete er in Zürich mit dem Psychoanalytiker Carl Jung. 1919 lud Alfred Binet ihn nach Paris ein, um die Durchschnittsleistung von Kindern verschiedenen Alters bei Intelligenztests zu berechnen – der Grundstein für Piagets Leidenschaft für Fehler, die Kinder begehen, war gelegt.

1923 heiratete Piaget Valentine Châtenay, ihre drei Kinder wurden zu ihren Forschungsobjekten. Durch deren Fehler schloss Piaget darauf, dass ihr Denken sich fundamental von dem der Erwachsenen unterscheidet. Er meinte, dass Kinder Erkenntnisse über ihre Welt durch Interaktion erhalten und nicht wie kleine Wissenschaftler. Ihr Verständnis entwickle sich in diskreten, qualitativen Stufen. Ein jüngeres Kind sei also nicht in der Lage, ein Konzept zu erfassen, das für eine spätere Entwicklungsphase angelegt ist.

Im Jahr 1955 gründete Piaget das Internationale Center für Genetische Epistemologie in Genf, dessen Direktor er bis zu seinem Tod 1980 blieb. Von den Kollegen „le Patron“ genannt, galt er als äußerst charmant, aber völlig von seiner Arbeit besessen, über die er selbst auf Auslandsreisen jeden Morgen schrieb. War er in Amerika, hielt er sich weiter an die europäische Zeit, so dass jeder, der mit ihm zu tun hatte, sich anpassen musste.

Piaget fand heraus, dass alle Kinder vier Stadien durchwandern: das Stadium der sensomotorischen Intelligenz (0–2 Jahre), der präoperationalen Intelligenz (2–7 Jahre), der konkret-operationalen Intelligenz (7–12 Jahre) und der formal-operationalen Intelligenz (ab 12 Jahre). In welchem Stadium Kinder sich befinden, kann man anhand Piagets berühmten Tests, wie dem Drei-Berge-Versuch, feststellen.

Es gibt aber auch Kritiker seiner Lehren. Neuere Forschungen haben gezeigt, dass die Fehler der Kinder auch durch ihre beschränkte körperliche Koordination entstehen. Dass Kleinkinder nicht nach verdeckten Dingen greifen, könnte daran liegen, dass sie nicht fähig sind, um ein Hindernis herumzugreifen, und nicht, weil sie glauben, das nicht vorhanden ist, was sie nicht sehen.

Der Drei-Berge-Versuch

Durch die Landschaft um Genf inspiriert, ließ Piaget ein dreidimensionales Modell des Berges Le Salève und zwei ihn umgebender Berge bauen. Die Aufgabe der Kinder bestand darin, vor dem Modell zu sitzen und sich die Ansicht aus einer anderen Perspektive vorzustellen. Sie sollten aus mehreren Fotos das wählen, das eine andere Bergansicht zeigte, als die eigene. Kinder unter vier Jahren verstanden die Aufgabe nicht. Die zwischen vier und sechs verstanden sie, konnten aber nicht die Perspektive eines anderen annehmen – und demonstrierten, was Piaget kindlichen Egozentrismus nannte.

Konservationsprobleme

Vorschulkinder verstehen nicht, dass nebensächliche Veränderungen die eigentlichen Proportionen einer Sache nicht verändern. Füllt man beispielsweise vor ihren Augen Flüssigkeit aus einem kurzen, weiten Glas in ein enges, hohes um, geben sie an, die Flüssigkeit sei „mehr“ geworden, nur weil der Pegel höher ist. Genauso mit Spielsteinen, die erst geordnet liegen, dann über den Tisch verteilt: Kinder finden, dass sich dadurch die Anzahl erhöht hat.

Kreativität

Kreativ sind nicht nur die, die eingängige Melodien komponieren oder grandiose Landschaften malen, sondern auch jene, die neue Wege beschreiten und Probleme auf innovative Art angehen. Wo wären wir schließlich heute, wenn alle immer den Status Quo akzeptiert hätten?

Kreativität durchläuft gewöhnlich drei Phasen: die Vorbereitung, während der ein Problem von allen Seiten beleuchtet wird, dann die Entwicklungszeit. Neue Ideen entstehen meist nicht einfach so. Im Gegenteil, oft muss man erst das Grübeln einstellen und dem Unterbewusstsein Zeit zum Problemwälzen geben. Die dritte Phase wird üblicherweise mit „Aha!“ oder „Heureka!“ eingeleitet: Die Lösung ist gefunden.

Über diesen Moment lesen wir dann in Biographien, was den Eindruck der mühelosen Schaffenskraft erweckt. Der Nobelpreisträger Kary Mullis behauptete, die revolutionäre Idee für die Polymerase-Kettenreaktion kam ihn eines Tages auf dem Nachhauseweg. Diese Erfindung hat die biologische Forschung revolutioniert und das Konzept des genetischen Fingerabdrucks untermauert. Michael Jackson sind einige seiner größten Hits wie ein Geschenk Gottes in den Schoß gefallen.

Wie wird man kreativ?

Mit dem Mythos, nicht alle Menschen könnten kreativ sein, müssen wir schleunigst aufräumen. Jeder kann kreativ sein, die Gabe kann sogar genährt werden. Allerdings neigen die unterschiedlichen Kreativ-Typen zu speziellen Eigenheiten.

Im Allgemeinen spielt die Intelligenz eine Rolle, ist aber nicht allein für die Kreativität verantwortlich. Die Personen, die bei Intelligenztests die meisten Punkte machen, neigen seltener zu Kreativität, vielleicht, weil sie sehr zielgerichtet denken, wohingegen Kreativität nach einer Vielfältigkeit verlangt, die häufig als Querdenken bezeichnet wird.

Kreative sind häufig neugierig und fragen viel. Wir filtern unwichtige Informationen aus, damit wir nicht im Datenwust untergehen, wohingegen die Forschung ergeben hat, dass kreative Köpfe keine strengen Filter haben. Das könnte die Nähe von Psychose und Kreativität erklären. Flexibilität im Denken, gepaart mit einer Offenheit gegenüber Gefühlsexperimenten kann – richtig kanalisiert – zu Kreativität führen, aber auch zu geistiger Erkrankung.

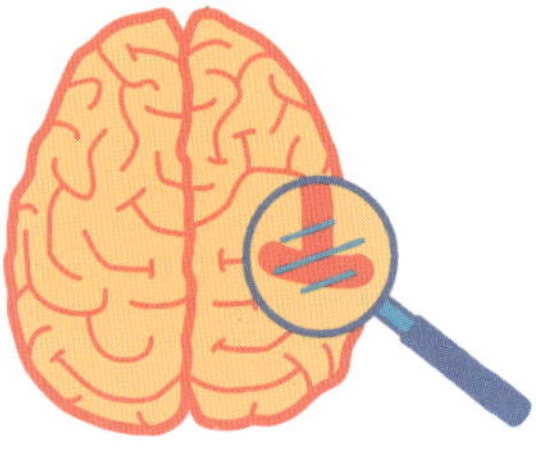

Ein anderer Mythos ist der über die Faulheit von kreativen Menschen, die entspannt darauf warten, dass ihnen gute Ideen zufliegen. Das Gegenteil ist wahr. Kreative sind gewöhnlich auf ihren Interessensgebieten sehr belesen und informiert. Sie bringen Dinge auf neue Art zusammen, daher ist es wichtig, dass sie über viel Rohmaterial verfügen, aus dem sie neue und nützliche Ideen entwickeln.

Die Neurowissenschaft der Kreativität

Die Beweise für die Annahme, für divergentes Denken sei hauptsächlich die rechte Gehirnhälfte zuständig, häufen sich. Patienten mit einer seltenen Form der Demenz, der frontotemporalen Demenz, die hauptsächlich die linke Hemisphäre betrifft, zeigen häufig gesteigerte Kreativität. Fast scheint es, als ob ihre rechte Gehirnhälfte aus dem Kontrollgriff durch die logische linke Seite befreit wurde. Studien des Teams um Edward Bowden beweisen, dass kreative Lösungen durch besondere Aktivität der rechten Hemisphäre gekennzeichnet sind. Haben Personen eine Lösung nicht selbst gefunden und präsentiert man sie ihnen im linken Gesichtsfeld, das von der rechten Gehirnhälfte verarbeitet wird, erfassen sie das Gelesene schneller, als in ihrem rechten Gesichtsfeld. Vermutlich war also die rechte Gehirnhälfte näher an der Lösung dran als die linke.

WIE KREATIV SIND SIE?

Machen Sie den Test mit einem Freund – wer ist kreativer?

1. Schreiben Sie 2 Minuten lang möglichst viele Verwendungen für Büroklammern auf.

2. Finden Sie das Wort, das mit den folgenden einen 2-Wort-Ausdruck oder ein zusammengesetztes Wort bildet: **(a)** Fahrt, Schnuppe, Taler

Und welches hiermit: **(b)** Bad, Bande, Gruppe

3. Schreiben Sie in 2 Minuten eine Geschichte, in der Politiker, Jupiter und Eierschale vorkommen.

ANTWORTEN

(1) Wer von Ihnen mehr Verwendungsarten gefunden hat, hat gewonnen. Wenn Ihnen nach Wettkampf zumute ist, bitten Sie eine dritte Person, die Qualität der Antworten auszuwerten. Geben Sie ruhig einmal „Büroklammer Verwendungsmöglichkeiten" in eine Suchmaschine ein. Dort finden Sie viele weitere Tipps. **(2)** (a) Stern, (b) Blut. **(3)** Hierbei gibt es kein richtig oder falsch, aber Sie könnten wieder die Meinung einer dritten Person hinzuziehen, wer von Ihnen kreativer war.

Zahlenverständnis und Zahlenblindheit

So, wie manche intelligente Menschen sich mit dem Lesen schwer tun, gibt es das Phänomen auch mit einfachsten Rechenaufgaben. Die Antwort darauf, was 5 + 2 ergibt, ist schwer für Menschen mit Dyskalkulie. Einige könnten nicht einmal einschätzen, ob die Antwort irgendwo zwischen 40 und 50 liegt – ihnen fehlt das Gefühl für Zahlengrößen, das die meisten von uns haben.

Wörtlich übersetzt aus dem Griechischen heißt Dyskalkulie „schlechtes Zählen", sie findet sich geschätzt bei 5 Prozent von uns, obwohl so viel weniger darüber zu hören ist als von der bekannteren Dyslexie. Den Betroffenen fehlt häufig die sogenannte Simultanerfassung, also die Fähigkeit, ohne zu zählen sofort kleine Mengen von vier oder weniger zu erkennen.

Neuere Aufnahmen von Kindergehirnen mit Dyskalkulie haben Veränderungen im intraparietalen Sulcus enthüllt, einer Region im parietalen Lappen zum Ende des Schädels hin, der vermutlich wie eine Art zahlenverarbeitendes Modul wirkt.

Eine TMS-Studie aus dem Jahr 2007 unterstützt diese Vermutung: „Normalen" und von Dyskalkulie betroffenen Teilnehmern wurden Zahlen vorgelegt, die unterschiedlich groß geschrieben waren, unterschiedliche Werte hatten oder beides. Die Teilnehmer sollten angeben, welche Zahl die jeweils größere war, entweder physikalisch oder nummerisch, je nach Aufgabe. Den „Normalen" fiel dies leichter, wenn sowohl physikalische als auch nummerische Größen übereinstimmten. Wurde TMS an ihrem intraparietalen Sulcus angewandt, brachte ihnen die Größengleichheit keinen Vorteil mehr – sie benahmen sich also wie Personen mit Dyskalkulie.

Rain Man

Übrigens lässt sich durch Anwendung von TMS bei ganz normalen Menschen eine unglaubliche Rechenfähigkeit herauskitzeln, ähnlich wie im Film Rain Man. Dustin Hoffman spielt einen Autisten, der mit einem Blick erfasst,

wieviel Cocktailspieße auf den Boden gefallen sind – eine extreme Form der Simultanerfassung. Der Psychologe Allan Snyder schaffte es 2006, dass 10 von 15 normalen Testpersonen diese Leistung erreichten. Sie sollten schätzen, wie viele Kleckse sie eineinhalb Sekunden lang auf einem Computermonitor sahen. Die Zahl sollte zwischen 50 und 150 liegen. Vor der TMS schätzte eine Frau 20 Mal, wobei sie jedes Mal mehr als 5 Kleckse danebenlag. Mit TMS an ihrem vorderen temporalen Lappen in der Nähe des Ohrs lag sie näher dran: Bei 6 von 20 Malen lag sie weniger als 5 Stück von der richtigen Antwort entfernt. Nicht ganz Rain-Man-Qualität, aber TMS hat ihre Fähigkeit eindeutig geschärft. Die Forscher begründeten dies durch die Art der TMS-Anwendung, die die natürliche Neigung unterdrückt, die Kleckse in Mustern zu ordern, so dass das Gehirn die nackten Daten verarbeiten kann.

Der mentale Zahlenstrang

Psychologen und Philosophen glauben seit Langem, dass wir uns auf einen mentalen Zahlenstrang beziehen, die niedrigen Zahlen an einem Ende, die hohen Zahlen zum anderen Ende hin. Der Beweis schien schwierig, aber 1993 baten Stanislas Dehaene und sein Team Testpersonen, auf gerade und ungerade Zahlen, die sie hörten, mit entweder der rechten oder der linken Hand zu reagieren. Dabei zeigte sich, dass die Teilnehmer auf große Zahlen schneller mit rechts und auf kleine Zahlen schneller mit links reagierten. Die Forscher argumentierten, dass es leichter sei, mit der rechten Hand auf große Zahlen zu reagieren, da sie auf dem imaginären Zahlenstrahl weiter rechts zu finden sind, so wie die kleinen Zahlen links. Diese Entdeckung tauften sie „Spatial Numerical Associatin of Response Codes Effect“, den „SNARC“-Effekt.

Übung 3

Kognition

DAS PROBLEM:
Der britische Agent Chad Bones wurde geschnappt. Zum Glück findet er eine Gemeinsamkeit mit dem Anführer der Terroristen: Manchester United. Der Terrorist bietet Bones ein Spiel an: Gewinnt er, wird er freigelassen. Vier Karten liegen im Sand, jede hat einen Buchstaben auf einer und ein Bild auf der anderen Seite. Man sieht A, M, einen Totenkopf und einen Schmetterling. Der Terrorist erklärt: „Wenn eine Karte auf einer Seite einen Vokal hat, dann ist auf der anderen Seite ein Totenkopf. Welche Karte oder Karten müssen Sie umdrehen, um zu sehen, ob das wahr ist?“

DIE METHODE:
Bones kann sein Glück kaum fassen – das Rätsel scheint so leicht zu lösen. Seine zitternde, blutige Hand greift nach der Karte mit dem Buchstaben A. Gerade will er sie umdrehen, da wirft der Terrorist ein: „Mr. Bones, denken Sie daran: Ich möchte, dass Sie nur die Karten aufdecken, die meine Behauptung bestätigen.“

Bones denkt einen Moment nach. Ein Tropfen Schweiß läuft über seine Nase und fällt mit einem „Platsch“ auf die Karte mit dem A. Er ist sich sicher. Er dreht sie um, die andere Seite zeigt einen Totenkopf. Der Terrorist nimmt grinsend die Karte an sich und zerreißt sie. „OK, Bones, welche noch?“

Bones richtet seine Aufmerksamkeit auf die Totenkopf-Karte. Der Mistkerl von einem Terroristen sagte, Karten mit einem Vokal haben auf der anderen Seite einen Totenkopf. Wenn er diese Karte umdreht und einen Konsonanten findet, dann würde er die Behauptung widerlegen, denkt er. Bones dreht den Totenkopf mit Schwung um, schon wähnt er sich in Freiheit.

DIE LÖSUNG:

Die Karte zeigt den Buchstaben S. „S wie stirb“, brüllt der Terrorist und lacht. „Mr. Bones, Sie haben versagt.“ Bones wusste nicht, dass sich der Gangster mit der Psychologie auskennt. Dieser Trick ist eine Version der Wason Selection Tasks, die nach dem verstorbenen britischen Psychologen Peter Wason benannt wurden.

Die meisten Menschen begehen denselben Fehler wie Bones. Die Wahl des Totenkopfes demonstriert den „Bestätigungsfehler“. So wird unsere Neigung genannt, nach Informationen zu suchen, die eine vorgefasste Meinung bestätigen.

Zur Bestätigung der ersten Behauptung des Terroristen hätte es gereicht, den Totenkopf umzudrehen, um einen Vokal freizulegen, der Konsonant widerlegt sie aber auch nicht. Er hatte eingangs gesagt, dass alle Karten mit einem Vokal auf einer Seite einen Totenkopf auf der anderen Seite haben. Das bedeutet aber nicht, dass auf allen Karten mit einem Totenkopf ein Vokal auf der anderen Seite ist. Daher kann auf der einen Seite ruhig ein Konsonant sein und auf der anderen ein Totenkopf.

Bones hätte die Schmetterling-Karte umdrehen sollen. Ein Vokal dort hätte die erste Behauptung des Gangsters widerlegt. Chad Bones wurde nie wieder gesehen. Hätte er während der Ausbildung doch nur Psychologie belegt!

Kapitel 4

Affekt

Bei einigen Menschen geht alles im Leben gut und dennoch schwebt ständig eine schwarze Wolke über ihnen. Andere wiederum sind immer positiv gestimmt, auch wenn ihnen noch so große Steine in den Weg gelegt werden. Dieses Kapitel handelt von unserem emotionalen Leben und davon, wie unsere Gewohnheiten und Art zu denken unser Gefühlsleben beeinflusst.

Wie Gefühle uns beeinflussen Teil 1

Lagen Ihre Haare schon einmal richtig an einem Tag, an dem Sie niedergeschlagen waren? Unwahrscheinlich. Eher stecken Sie in einem Stau und Ihr Boss hat gerade kein Verständnis dafür, die Kinder sind unausstehlich, der Baulärm vor Ihrem Büro ist noch lauter als sonst und, und, und. Wie häufig haben wir uns in solchen Situationen vergeblich etwas Gutes ersehnt? Die Neurowissenschaft lässt kaum Hoffnung diesbezüglich zu. Der Begriff „Gemütsverfassung" hat direkt mit der Arbeitsweise unseres Gehirns zu tun.

Wenn es Ihnen das nächste Mal rundum gut geht, schreiben Sie doch mal eine Liste mit all den Dingen, die Ihnen in letzter Zeit gelungen sind, alles, worüber Sie glücklich sind. Ihr zufriedener Zustand ruft Ihnen vermutlich eine Menge toller Sachen ins Gedächtnis. Und wenn Sie später einmal negativ gestimmt sind oder unleidlich, wiederholen Sie die Übung.

Es wird Ihnen höchstwahrscheinlich furchtbar schwer fallen, die Liste ein zweites Mal zu erstellen. Holen Sie dann die erste Liste heraus: Sie werden ganz bestimmt versuchen, alle schönen Empfindungen schlecht zu reden, die Ihre frühere gute Laune produziert haben.

Was uns unsere Launen sagen wollen

Dass wir das Gute in allen Dingen sehen, wenn wir glücklich, und die Kehrseite, wenn wir angespannt oder wütend sind, liegt daran, dass die einzelnen Gefühle im längerfristigen Gemütszustand gespeichert werden – üblicherweise unter der Bezeichnung „Stimmung". Außer den psychologischen Faktoren wirken sich biologische wie Gesundheit, Ernährung und Biorhythmus aus.

Die Stimmung, in der wir sind, bestimmt, welche Erinnerungen leicht zugänglich sind („stimmungsabhängiges Gedächtnis"): Geht es uns gut, hängen wir schönen Erinnerungen nach und umgekehrt. Denken wir an einen geliebten, verstorbenen Menschen, löst das Trauer aus, die weitere trübe Erinnerungen hervorrufen kann: an das Ende einer Romanze, den verlorenen Job. Und so führt ein Elend zum nächsten und im Handumdrehen rutschen wir in eine wehmütige Stimmung ab.

Interessanterweise beeinflusst die Stimmung auch die Exaktheit unseres Gedächtnisses („Stimmungskongruenz"). Das bedeutet, dass unsere Erinnerungen am genauesten sind, wenn wir in derselben Stimmung sind, in der wir sie erlebt haben.

Bedenkt man diese Umstände, so ist es mit Zeugenaussagen à la „und nichts als die Wahrheit" vielleicht nicht immer so weit her.

DIE DAUER EINSCHÄTZEN – EIN GEDANKENEXPERIMENT

Sind wir alle unseren Stimmungen hilflos ausgeliefert? Laufen wir Gefahr, in eine Depression abzurutschen, wenn etwas Unangenehmes geschieht? Überlegen Sie, wie lange es Ihnen bei diesen Vorfällen wohl schlecht gehen würde:

(a) Ihre Mannschaft ist nicht Meister geworden.
(b) Ihr Partner/Ihre Partnerin ist weg.
(c) Sie haben Ihren Job verloren.

Zum Glück haben Forschungen ergeben, dass wir die Dauer des emotionalen Tals immer zu hoch einschätzen. Nach allen Höhen und Tiefen kehren wir relativ schnell in eine neutrale Stimmung zurück. Das wird als Dauerhaftigkeitsfehler bezeichnet und wurde zuerst von Daniel Gilbert und Timothy Wilson beschrieben, die auch das Phänomen auf Seite 52 diskutieren.

Die Ungenauigkeit unserer Voraussagen hängt mit unserer starken Fokussierung auf das Hier und Jetzt zusammen. Dass die Zukunft sich anders gestalten könnte, kommt uns nicht in den Sinn. Wunden verheilen, das Leben geht weiter: Eine neue Liebe wird kommen, vielleicht wird auch der nächste Job besser als der letzte. Menschen, die offen und anpassungsfähig sind, können besser genießen und Freude empfinden.

Vielleicht ist die Veranlagung, auf „neutralen Grund" zurückzukehren, nach großen emotionalen Zusammenbrüchen und häufiger auftretenden negativen Situationen nicht stark genug, um in einen ausgeglichenen Zustand zu finden. Eine mögliche Folge sind Stimmungs- und Persönlichkeitsstörungen: Das Gemüt steckt in einer irrationalen oder unausgeglichenen Verfassung fest. Das kann zu einer „Alles oder Nichts"-Einstellung führen: Alles ist entweder gut oder schlecht, dazwischen gibt es nichts mehr.

Was kann man tun?

Das Wissen, dass Gefühle andere Gefühle hervorrufen, widerlegt den Gedanken, dass unsere augenblicklichen Gedanken die tatsächliche Wirklichkeit widerspiegeln. Der Psychologe Robert Thayer bietet ein Rezept zur Stimmungsaufhellung an: eine Kombination aus Entspannung, kognitiver Steuerung, Stressmanagement und Sport.

Wie Gefühle uns beeinflussen Teil 2

Der Einfluss unserer Gefühle ist der Schlüssel zu unserem Verständnis der Psychologie. Die Theorien verändern sich im Laufe der Zeit, obwohl Freuds Ich, Es und Super-Ich oder Ausdrücke wie Verdrängung oder Ödipuskomplex noch immer Teil eines verbreiteten Wissenskomplexes sind. Hier eine kurze Zusammenfassung der Entwicklung.

Frage: Warum sind wir so unglücklich? Was verursacht irrationales Verhalten?

Antwort: In den psychologischen Lehren gibt es unterschiedliche Theorien über das „maladaptive Verhalten". Die Psychodynamik umfasst die Therapieansätze, denen die Annahme gemeinsam ist, dass menschliches Verhalten größtenteils durch unbewusste Prozesse ausgelöst wird (Prozesse ohne direkten, bewussten Zugriff). Diese Theorien enthalten einen Satz universeller Prinzipien, die Persönlichkeitsentwicklung und Verhalten erklären. Die frühkindliche Entwicklung hat einen maßgeblichen Effekt darauf, wie jemand als Erwachsener ist. Einblick in den unbewussten Konflikt zu erhalten, ist ein großer Bestandteil der Psychotherapie.

Sigmund Freud betrachtete maladaptives Verhalten als Ergebnis eines ungelösten, unbewussten Konflikts aus der Kindheit. Er glaubte, Angst sei Grundlage jeder Neurose und maladaptive Mechanismen würden zur Verteidigung angewandt, um das Angsterleben zu vermeiden. Freuds Ansicht nach wird die Persönlichkeit durch biologische Triebe bestimmt, der innere Konflikt ist das Resultat regulierender biologischer Triebe. Inzwischen wird von Freuds Theorie, dass wir willenlos unseren Trieben gehorchen, abgegangen, der Einfluss von Gesellschaft, Beziehungen und freiem Willen (oder bewusster Steuerung) auf Verhalten und Persönlichkeit wird mit einbezogen.

Andere berühmte Vertreter der psychodynamischen Theorie waren Anna Freud, Melanie Klein, Margaret Mahler, Harry Stack Sullivan, Erich Fromm und Carl Jung.

F: Also muss ich mein „inneres Kind" doch noch heilen?

A: Nein. Neuere psychologische Forschungen haben sich auf das „Hier und Jetzt" konzentriert. Einige Fachleute glauben nicht mehr, dass es nötig ist, die ganzen „Warums" der Entwicklung zu kennen, um maladaptives Verhalten zu verändern. Vielmehr sollte auf Lösungen und Motivation gesetzt werden.

Die Behavioristen

Einige Therapien konzentrieren sich darauf, bestimmte Verhaltensmuster zu durchbrechen, bekannt sind die klassische und operante Konditionierung. Der Nobelpreisträger Iwan Pawlow hat in seinen Experimenten zur klassischen Konditionierung Hunde immer zum Klang einer Glocke gefüttert. Später speichelten die Hunde auch, wenn beim Ertönen der Glocke kein Futter gereicht wurde.

Mit der operanten Konditionierung am stärksten assoziiert wird B. F. Skinner, der Verhaltenskonditionierung mit erlernten Reizen anstatt angeborenen (wie das Speicheln beim Fressen) kombiniert hat. Wenn zum Beispiel eine Frau zur Behandlung in ein Krankenhaus geht, kann das eine angstauslösende Erfahrung sein. Später kann das zu Angstgefühlen führen, wenn sie in harmloser Absicht ins Krankenhaus geht, um beispielsweise ein neugeborenes Baby und seine Mutter zu besuchen.

Verhaltensänderung wird häufig bei der Behandlung von Ängsten oder Angststörungen, zur Raucherentwöhnung und bei kindlicher Verhaltensauffälligkeit angewandt. Zum Beispiel kann man das „Token-System" anwenden, in dem ein Kind ein Sternchen oder eine andere Belohnung erhält, um richtiges Verhalten durchzusetzen (oder es wird eine Vergünstigung bei unangemessenem Verhalten gestrichen, es gibt zum Beispiel Hausarrest). Diese Methode zielt auf die Modifikation des Verhaltens durch operante Konditionierung, gepaart mit Umweltreizen.

Kognitives Verhalten

Die am häufigsten angewandte psychotherapeutische Behandlung ist die kognitive Verhaltenstherapie (KVT). Sie entstand aus einer Unzufriedenheit mit Teilen der Verhaltensänderungs- und der psychodynamischen Modelle, die für kurzsichtig gehalten wurden. KVT umfasst die verschiedenen kognitiven Faktoren, die zu einem Verhalten führen. Es werden falsche Denkstrukturen und irrationale Gedanken untersucht und deren Wirkung auf den irregeleiteten Gefühlszustand sowie das resultierende Verhalten.

Bekannte Vertreter der KVT-Bewegung sind Albert Ellis, der Erfinder der Rational-Emotiven Therapie und Aaron Beck, der die kognitive Verhaltenstherapie erfand und das Beck-Depressions-Inventar entwickelte, ein Instrument, mit dem die Schwere von Depressionen gemessen werden kann.

Gefühl im Gehirn

Gefühle sind die stärksten und beherrschendsten Kräfte der individuellen Psychologie. Sie beeinflussen unsere Entscheidungen, Vorstellungen von richtig und falsch, unsere Beziehungen und körperliche Gesundheit. Sie wirken auf unsere Wahrnehmung von den kleinsten bis hin zu den wichtigsten Bereichen unseres Lebens. Einen Flecken unseres Wesens ohne Gefühle sucht man vergebens.

Was sind denn Gefühle? Woher kommen sie? Wer hat die Kontrolle – sie oder wir? Sind sie Folge der Wahrnehmung? Können wir unsere Gefühle verändern und damit unsere Gedanken und Erfahrungen? Oder müssen wir erst unsere Gedanken verändern, um in einen anderen Gefühlszustand zu gelangen?

Gefühle werden wahr

Erinnern Sie sich, wie der Trainer Ihnen sagte, Sie sollen sich vorstellen, wie Sie das Siegtor schießen oder wie ein Freund Sie aus einem Stimmungstief hervorgeholt hat oder wie Sie eine Prüfung spitzenmäßig absolviert haben, weil Sie wussten, dass Sie es konnten? Wissenschaftlich bewiesen ist, dass unser Körper auf mentalen Input reagiert, als ob er real wäre. Bilder erzeugen eine physikalische Reaktion, als ob der Reiz tatsächlich dagewesen sei. In vielen Studien, unter anderem von Erfani und Efanian, zeigen Gehirnstrommessungen, dass eine mental ausgeführte sportliche Übung dieselbe Botschaft ans Gehirn sendet wie eine tatsächlich vollführte.

Die Auswirkungen sind erstaunlich! Wissenschaftler wissen mittlerweile eine Menge über das neurologische System, das hinter den Emotionen und Gefühlen steht. Dopamin steht in Zusammenhang mit Freude, Frohsinn und Belohnung. Ein

DIE VERBINDUNG ZWISCHEN GEDANKEN UND ERFAHRUNG

Falsch oder wahr?

1. Ein Streit zwischen Liebenden kann die Wundheilung verzögern.
2. Wenn ein Patient glaubt, er oder sie bekommt ein Schmerzmittel, setzt der Körper tatsächlich Endorphine frei, auch, wenn es nur ein Placebo war.
3. Eine schlimme Erfahrung löst eine Neukodierung des Gehirns aus und andere Ereignisse und Wahrnehmungen werden anders bewertet.
4. Eine Person, der man unter Hypnose sagt, dass man sie mit einem glühend heißen Gegenstand berührt, kann tatsächlich Blutblasen produzieren, auch wenn sie mit etwas berührt wird, das nur Raumtemperatur besitzt.

ERGEBNIS

Alles ist wahr! Die Verbindung zwischen Gedanken und Erfahrung ist so stark, dass sie körperliche Auswirkungen hat.

niedriger Serotoninwert steht für Depression, Endorphine werden im Gehirn nach Sport, Sex und Schokoladengenuss, das Ansehen schöner Künste, dem Beiwohnen einer dramatischen Szene oder Anhören schöner Musik produziert und ausgeschüttet. Wir können also unsere Denkmechanismen so trainieren, dass wir einen größeren Einfluss auf Handlungen ausüben, die in Erfolg und Wohlgefühl münden.

Positive Psychologie

Die positive Psychologie, die sich mit optimalen Erfahrungen beschäftigt, möchte, dass die Menschen bereichernde Erfahrungen machen, indem sie ihren Alltagsrhythmus organisieren. Konzentriert man sich auf diesen Rhythmus, kann man in einen Fluss, den „Flow“ kommen. Der kroatische Psychologe Mihály Csíkszentmihályi erklärt, dass mit dieser Technik auch schwierige Ziele scheinbar mühelos erreicht werden. Am häufigsten taucht dieses Konzept im Sport auf, wenn die Sportler nach einer besonders guten Leistung sagen, sie seien „voll auf den Punkt“ trainiert.

GUTE TAGE, SCHLECHTE TAGE

Wenn mich jemand fragt, wie es mir geht, sage ich:

(a) „Gut“ – ungeachtet meines wirklichen Zustandes, schließlich ist es nur eine Begrüßung, keine echte Frage.
(b) „Nicht so gut“ – und zähle auf, womit ich mich gerade abmühe.
(c) „Fantastisch“ – egal, was mich gerade bedrückt: Mein Leben ist wunderbar und ich bin dankbar dafür.

Täglich fragt man und wird gefragt, wie es einem geht. Wie legen wir fest, was wir antworten? Wie es uns zu welchem Zeitpunkt geht, ist einer der wichtigsten Faktoren unserer Erfahrungen und unserer Wahrnehmung. Nehmen wir uns subjektiv oder objektiv wahr? Könnte das „Gutfühlen“ eines Menschen das „Schlechtfühlen“ eines anderen sein? Kann eine Person dazu bestimmt sein, Kummer und Enttäuschung zu erleben und die nächste ist mit Erfüllung und Freude gesegnet?

Denken Sie an eine Situation, in der Ihre Gefühle nicht mit der Wahrnehmung einer Sache übereinstimmten. Es wurden Ihnen wunderbare Neuigkeiten überbracht, aber Sie konnten sich nicht richtig darüber freuen. Oder Sie wunderten sich, dass Sie etwas, das Sie unguten Gefühls erwartet haben, relativ gleichmütig aufnahmen. Die Wahrheit ist, dass wir unsere Wahrnehmung steuern, wie in den Antworten zu den Fragen eben. Erkennen Sie den Filter, durch den Sie jeweils die Dinge betrachten? Sie können Ihr Los verbessern, einfach durch einen Wechsel Ihrer Perspektive.

Gesichter erkennen

Sono felice di vederli. Je suis heureux de vous voir. Eu sou feliz vê-lo. Ich freue mich, Sie zu sehen. Italien, Frankreich, Portugal und Deutschland liegen dicht beieinander, aber wenn wir uns allein auf die sprachliche Verständigung verlassen sollten, hätten wir ordentlich Probleme. Was hat eigentlich der Anblick eines anderen Menschen mit Freude zu tun?

Es ist ein Glück, dass wir viel von dem, was eine andere Person fühlt, von seinem Gesicht ablesen können. Die am häufigsten ausgedrückten Gefühle in allen Gesellschaften werden überall gleich ausgedrückt: Wut, Ekel, Angst und Glück. Für fortgeschrittene Kommunikation und Gefühlsinterpretation braucht man allerdings mehr als das Deuten des Gesichtsausdrucks. Wir benötigen dafür mehr Informationen, die ein größeres Bild ergeben. Woher wissen wir, dass wir dem Hochzeitsgast, der neben uns in Tränen ausbricht, kein Beileid auszusprechen brauchen? (Es sei denn, derjenige möchte selbst vor dem Altar stehen.) Wenn wir glücklich sind, lächeln wir, aber auch, wenn uns etwas peinlich ist oder wir auf etwas verzichten. Sprechtempo, Tonfall, und persönlicher Background fließen mit in die Bewertung ein. Wie erkennt und übersetzt das Gehirn diese ganzen Informationslevel, um emotionale Kommunikation möglich zu machen?

Die Forschung hat gezeigt, dass visuelle Reize (in diesem Fall der Gesichtsausdruck) anfangs durch die Herstellung von räumlichen Beziehungen

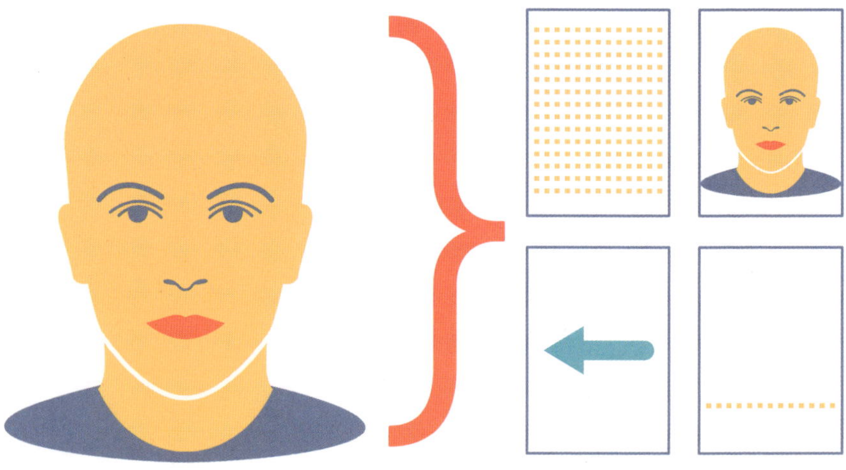

und Strukturen verarbeitet werden. Ohne das ganze Gesicht zu sehen, kann man keine „zornigen“ Augenbrauen oder einen „wütenden“ Mund erkennen. Zornige Augenbrauen können genauso wie überraschte aussehen, also braucht man unterschiedliche Mundstellungen, um sie zu identifizieren. Im nächsten Level der Verarbeitung tauchen weitere Erkennungsreize auf, die Situation wird als bekannt oder unbekannt eingestuft. Darauf folgt die semantische Verarbeitung: Die Bedeutung kann mittels gemachten Erfahrungen abgeleitet werden. Zum Schluss werden Bezeichnungen aktiviert und gesucht („lächeln“).

Empathie

Dass Gefühle der anderen ähnliche Gefühle in uns selbst hervorrufen können, hilft auch bei der Kategorisierung der Stimuli und beim Nachvollziehen der Gefühle anderer. Die Auswirkungen sind verästelt, aber das erklärt, warum schlechte Laune ansteckend sein kann und warum es für die eigene Gesundheit gefährlich ist, Zeit mit geistig nicht gesunden Menschen zu verbringen.

Studien haben ergeben, dass die Wahrheit hinter dem alten Sprichwort „Elend sucht Gesellschaft“ lauten müsste: „Elend sucht Elend.“ Fragt man depressive Menschen, ob sie lieber allein oder in Gesellschaft sein wollen, geben sie an, dass sie ähnlich depressive Personen gerne um sich hätten oder allein sein wollen. Nicht Depressive wollen sie nicht um sich haben.

Menschen reagieren schneller auf Reize, die positive Gefühle hervorrufen. Das ist wohl der beste Beweis dafür, dass Wut und Einschüchterung nicht gerade die besten Arten sind, zu jemandem durchzukommen.

Unsere Fähigkeit, andere zu verstehen, könnte ihren Ursprung in dem Verständnis für uns selbst und in gemeinsamen Erfahrungen haben. Beispiele dafür finden sich in mehreren Studien. Der britische Neuropsychologe Andy Calder hat Menschen mit Huntington untersucht, die keinen Ekel mehr empfinden konnten. Interessanterweise konnten sie auch den Gesichtsausdruck bei Ekel nicht mehr ohne Weiteres erkennen.

Kognitive Störungen

Teil 1

EINE INVENTUR IHRES LEBENS

	Stimmt nicht	Stimmt nicht ganz	Neutral	Stimmt ein wenig	Stimmt
Ich habe eine liebenswerte Persönlichkeit.	☐	☐	☐	☐	☐
Ich habe einem Partner/einer Partnerin viel zu bieten.	☐	☐	☐	☐	☐
Ich habe vertrauensvolle, starke und gleichberechtigte Freundschaften.	☐	☐	☐	☐	☐
Ich kann meine Wünsche äußern und durchsetzen.	☐	☐	☐	☐	☐
Ich kann mir und anderen Fehler verzeihen.	☐	☐	☐	☐	☐
Meine Freunde können sich auf mich verlassen.	☐	☐	☐	☐	☐
Ich kann mich auf meine Freunde verlassen.	☐	☐	☐	☐	☐
Ich bin mit meinem Leben zufrieden.	☐	☐	☐	☐	☐
Ich mag mich, wie ich bin.	☐	☐	☐	☐	☐
Ich werde von anderen gut behandelt.	☐	☐	☐	☐	☐
Ich kann mit schwierigen Situationen fertigwerden.	☐	☐	☐	☐	☐
Ich habe die richtigen Gelegenheiten ergriffen.	☐	☐	☐	☐	☐
Ich kann das Beste aus einer Situation machen.	☐	☐	☐	☐	☐
Wenn Fehler gemacht wurden, bin ich eher daran interessiert, sie wieder auszubügeln, als zu erfahren, wer sie verursacht hat.	☐	☐	☐	☐	☐

Wie bereits beschrieben, gibt es Denk- und Wahrnehmungsmuster, die unseren Wohlfühlgrat beeinflussen. Die Übung links soll Sie dazu bringen, eigene Neigungen zu untersuchen. Sehen Sie sich Ihre Antworten an. Haben Sie einige Antworten mehrfach angekreuzt? Was könnte das über Sie aussagen?

Solche Inventarlisten werden manchmal von Psychotherapeuten verwendet, um mögliche depressive kognitive Störungen aufzudecken, in die Menschen verschiedener Persönlichkeitstypen gerutscht sind. Hier einige der häufigsten:

Erlernte Hilflosigkeit

Das Konzept der erlernten Hilflosigkeit wurde in den späten 1960ern von Martin Seligman vorgestellt und ist eine der bedrückendsten kognitiven Störungen. Menschen glauben in einer festgefahrenen Situation zu stecken, über die sie keine Kontrolle haben. Verbesserungsversuche sind nutzlos, daher werden keine unternommen. Allerdings entspricht das hilflose Gefühl selten der Wirklichkeit. Betroffene übernehmen häufig wenig Verantwortung für die eigenen Entscheidungen, vermissen den Respekt durch andere und zögern, diesen Respekt einzufordern. Sie tun sich schwer, ihre inneren Erfahrungen mitzuteilen, viele fühlen sich isoliert und denken, dass die ganze Welt gegen sie ist. Wenn man jedoch über die eigene Störung Bescheid weiß, kann das dazu motivieren, etwas zu verändern und dann wartet das Glück vielleicht schon an der nächsten Ecke.

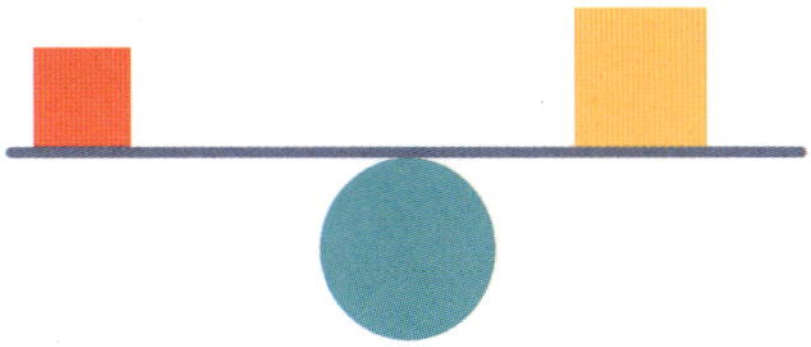

Perfektionismus

Bei einigen Menschen steht die Jagd nach Perfektion der Lebensfreude im Weg. Wo eine ausgeglichene Persönlichkeit akzeptiert, dass er oder sie etwas besser kann als andere und darüber zufrieden ist, kann der neurotische Perfektionist, wie Don Hamachek ihn beschreibt, nie etwas gut genug machen, um sich Zufriedenheit zu verdienen.

Mit dem Perfektionismus verbinden sich viele Risiken, er kann auch ein Indikator einer Reihe anderer Probleme wie den Zwangsstörungen (s. Seiten 120–121) sein.

Der Trieb zur Perfektion ist eine gefährliche Störung: Nie ist etwas genug, nie ist etwas gut genug. Zu den wichtigsten Fähigkeiten, um glücklich zu werden, gehört es, dass wir mit uns selbst und unserem Leben zufrieden sind.

Kognitive Störungen
Teil 2

Ich hasse dich

Auch sehr verbreitet ist die kognitive Störung, zu denken, unfreundlichen Persönlichkeiten ausgeliefert zu sein. Wir können natürlich keine Menschen kontrollieren, aber wir können daran arbeiten, wie sie auf uns reagieren. Das heißt nicht, dass andere perfekt sind oder dass es keine Menschen gibt, die unausstehlich sind. Ein Blick in Ihr Innerstes könnte trotzdem nicht schaden. Vielleicht sind Sie böse darüber, dass jemand übermäßig Kontrolle ausübt? Ist das so oder lassen Sie sich zu leicht kontrollieren? Häufig verhält es sich so, dass das, was uns an einer Person sauer aufstößt, etwas ist, dass wir an uns selbst nicht mögen.

Natürlich ist es wichtig, sich um das Wohlergehen der Mitmenschen Gedanken zu machen, depressive Menschen neigen aber dazu, unbotmäßig viel Zeit darauf zu verwenden, anstatt sich auf sich zu besinnen.

Stimmungskongruentes Verhalten

Eine weitere starke Störung steht mit dem Bündeln von Gedankentypen (s. Seite 72) im Zusammenhang. Studien von Erich Eich und Peter Suedfeld an der University of

DIE SENKRECHTE LINIE AUF DEM PAPIER

Ziehen Sie auf einem Blatt Papier mittig eine senkrechte Linie.

Denken Sie jetzt an Ihre engsten Beziehungen: Freunde, Familie, Kollegen und so weiter. Schreiben Sie auf eine Hälfte der Linie die Eigenheiten auf, auf die Sie verzichten könnten. Benutzen Sie möglichst Ein-Wort-Beschreibungen. Na los, keiner wird es erfahren ...

Auf der anderen Seite halten Sie die entsprechenden, entgegengesetzten Charakterzüge fest. Haben Sie zum Beispiel links „Besserwisser“ geschrieben, so soll rechts „Ignorant“ stehen.

Sind Sie fertig? Dann teilen Sie das Blatt in der Mitte. Gucken Sie sich noch einmal die ungeliebten Eigenschaften genau an und schmeißen Sie sie dann in den Müll.

Jetzt kennen Sie die negativen Attribute. Schauen Sie, ob Sie sie in sich selbst finden. Es kann nämlich sein, dass andere nur diejenigen Eigenschaften widerspiegeln, die Sie an sich selbst nicht mögen. Ihr Gefühl, hilflos anderen Persönlichkeiten ausgeliefert zu sein, lässt sich ändern, wenn Sie erkennen, dass Sie die Veränderungen an sich selbst vornehmen können.

British Columbia haben ganz klar bewiesen, dass Menschen, die guter Stimmung sind, sich für gesünder halten, als sie sind, sie sind über-optimistisch, was Wirtschaft und Umwelt angeht und sie können eine verarmte Stadt voller sozialer Brennpunkte als Stadt ansehen, die sich nicht unterkriegen lässt. Wohingegen depressive Menschen diese Stadt als Sinnbild für den allgemeinen Status Quo sehen. Diesen Effekt nennt man Stimmungskongruenz.

Daraus kann sich ergeben, dass wir in unserer Umgebung nach Begründungen für unser Empfinden suchen, ob sie nun wirklich da sind oder nicht.

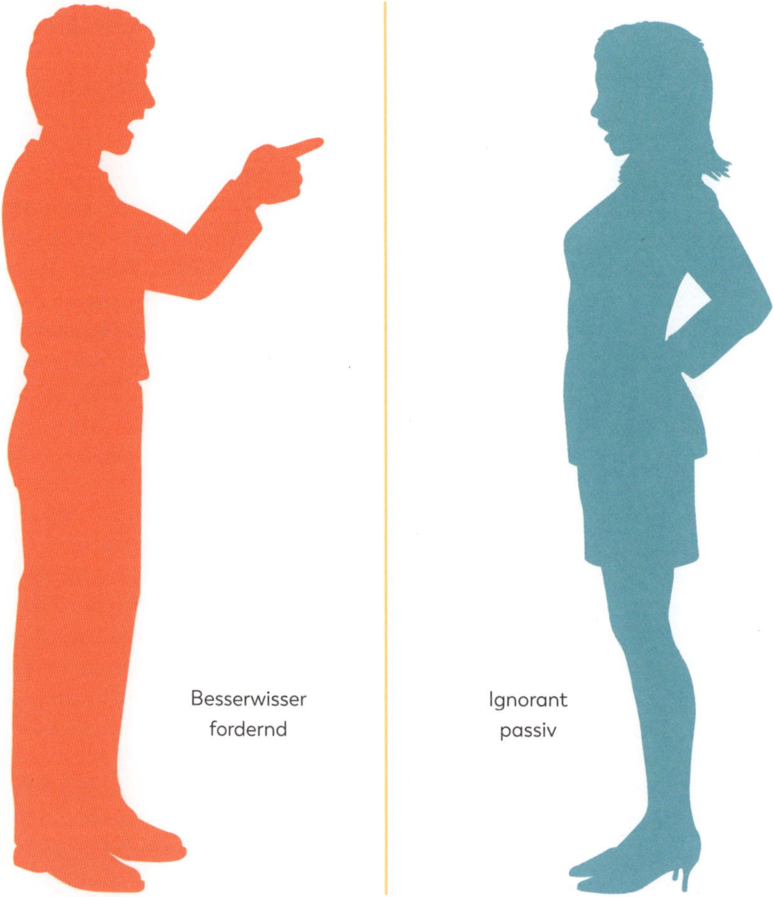

Warum lieben wir; wen wie lieben?

Die Liebe muss blind sein. Im ersten Verliebtsein idealisieren wir unseren Partner. Innerlich bauschen wir die Charaktereigenschaften auf, zu denen wir uns hingezogen fühlen und fokussieren uns auf das, was wir sehen wollen. Wir ignorieren, missachten oder unterschätzen die Züge, die wir nicht mögen. Das wird noch gefördert durch unser Verhalten, uns anfangs nur von der besten Seite zu zeigen, was wir häufig auch noch dem Partner anrechnen. Wie ironisch! Die meisten frischen Paare denken, dass sie im Vergleich zu anderen eine „besondere" Beziehung haben, die tiefer und intimer ist als alle anderen. Diese blinde Liebe lässt uns weiterwandern, dorthin, wo diese Chemie einsetzt.

Liebe und Chemie

Wenn wir uns verlieben, setzen vorhersehbare, neurochemische Muster ein, die viele von den geschätzten Symptomen erklären, die wir mit diesem Zustand gleichsetzen. Die Sexualhormone Östrogen und Testosteron sind erwartungsgemäß der Anstoß dafür, mit jemandem zusammen sein zu wollen, sowohl bei Männern als auch bei Frauen.

Die Liebe ist eine Droge

Im nächsten Stadium wird unsere Stressreaktion aktiviert: unser Blutdruck steigt und das Herz schlägt schneller. Wir erleben einen Dopamin-Anstieg, die Neurochemikalie der intensiven Glücksgefühle. Wir sind energiegeladener, schlafen und essen weniger, sind völlig auf die andere Person konzentriert. Das erklärt die unglaubliche Zufriedenheit, die wir in kleinsten Details finden.

Besessenheit

Zu Beginn einer Liebe können wir nicht aufhören, an den anderen zu denken. Die italienische Psychologin Donatella Marazziti fand heraus, dass diese Erfahrung mit einem sinkenden Serotonin-Level einhergeht – in gleichem Maße wie bei einer Zwangsstörung.

Ein weiterer Faktor, der auf einen niedrigen Serotoninspiegel hinweist, ist die Lust auf Sex. Darum sind Paare anfangs sexuell sehr viel aktiver als später. Normalisiert sich der Serotoningehalt, wird das Sexleben ruhiger.

Ein weiterer wichtiger Bestandteil in der Chemie der Liebe ist Oxytozin, eins der Hormone, von denen man annimmt, dass sie für die Bindung sorgen. Oxytozin wird von beiderlei Geschlecht während des Orgasmus' ausgeschüttet, was als Erklärung dienen könnte, dass Partner sich nach dem Sex stärker zueinander hingezogen fühlen als es der bloße körperliche Akt vermuten ließe. Auch während des Stillens wird Oxytozin freigegeben und trägt seinen Teil zur

WEN LIEBEN SIE?

Die Forschung weiß, für wen wir eine Schwäche haben.

Selbstverliebt? Wir neigen dazu, uns in jemanden zu verlieben, der uns ähnlich sieht.

Vaterliebe? Häufig verlieben wir uns in jemanden, der/die wie unsere Eltern aussieht.

Dr. Martha McClintock von der Chicagoer Universität hat durch Studien festgestellt, dass wir außerdem Menschen mit einem Immunsystem anziehend finden, das unserem ähnelt. Unbewusst stellen wir das über den Geruch fest.

An der Universität von Kalifornien hat Albert Mehrabian herausgefunden, dass wir die Zuneigung zu anderen auf erstaunliche Weise feststellen: Worte spielen dabei eine untergeordnete Rolle, zu 55 Prozent passiert das über die Körpersprache, 38 Prozent werden Tonfall und Sprechtempo zugesprochen und nur zu 7 Prozent ist es wichtig, was tatsächlich gesagt wird.

Bindung einer Mutter zu ihrem Kind bei. In Versuchen wurde festgestellt, dass eine Oxytozin-Blockade dazu führt, dass Tiere ihre Jungen vernachlässigen. Injiziert man es anderen Tiere, schützen und ernähren sie die Nachzucht fremder Tiere.

Das andere Bindungshormon zeigt sich unter anderem in Studien mit Präriewühlmäusen. Nach der Paarung bleiben Männchen und Weibchen für immer zusammen und man weiß von ihnen, dass sie viel öfter Sex haben, als für die Fortpflanzung notwendig wäre. Wurde bei ihnen das Hormon Vasopressin blockiert, verschwand auch die Hingabe an ihren Partner.

Möchten Sie sich verlieben?
Dann hält der New Yorker Psychologe Arthur Arun die richtige Formel für Sie bereit. Er ließ Testpersonen, die sich zuvor noch nie getroffen hatten, sich eine halbe Stunde intime Dinge über sich erzählen, danach schauten sie einander vier Minuten tief in die Augen. Die Mehrheit sagte anschließend, sie hätte eine starke Anziehungskraft zur anderen Person gefühlt. Ein Paar heiratete sogar.

Gehen Sie auf Spurensuche! Fragen Sie Freunde, Familie oder Kollegen, ob es vor Beginn ihrer Liebesbeziehungen solche intimen Geständnisse gegeben hat.

Als Liebe falsch war

Die klassischen Experimente des Psychologen Harry Harlow waren ein schlagkräftiges Mittel, um die Behavioristen zu widerlegen. In einer Versuchsreihe wurden kleinen Affen, die man von ihren Müttern getrennt hatte, zwei „Ersatzmütter“ angeboten: eine war weich, besaß eine innere Wärmeqelle und hatte einen simulierten Herzschlag, die andere bestand aus Drahtgeflecht und diente als Nahrungsquelle. Die Babys kuschelten sich an die weiche Mutter und rannten zu ihr, wenn sie sich fürchteten. Durch sie wurden sie mutiger, wenn sie mit fremden Dingen konfrontiert wurden. Mit der fütternden Mutter verbrachten sie nur wenig Zeit.

Eine verstörende Seite zeigt eine neuere Studie, in der Affen in den ersten sechs Monaten (das entspricht ca. zwei Menschenjahren) isoliert oder mit gleichaltrigen Affen aufwuchsen. Sie hatten freien Zugang zu gesüßten Lösungen, eine mit, eine ohne Alkohol. Mutterlose Affen, die ohne erwachsenes Tier aufwuchsen, verzehrten sehr viel mehr Alkohol als die, die von ihren Müttern aufgezogen wurden, häufig bis zu Vergiftungserscheinungen.

NICHT DAS BABY STREICHELN!

In den 1920ern bis in die 1970er hinein war der Behaviorismus eine starke Macht in der Psychologie. Die Verhaltensforscher befassten sich nur mit dem, was man sehen konnte. Gedanken und Gefühle wurden nicht beachtet. Dementsprechend wurden Liebe und Zuneigung als wichtige Faktoren für eine gesunde psychologische Entwicklung ignoriert. Schmusen und knuddeln war nicht gewollt, Disziplin war oberstes Gebot.

Die Aussage des Präsidenten der American Psychological Association, J.B. Warson, verdeutlicht diese Anschauung. Er glaubte nicht an Kognition und sagte einst: „Sollten Sie in die Versuchung geraten, Ihr Kind zu streicheln, denken Sie daran, dass Mutterliebe ein gefährliches Instrument ist.“

Der Mutterinstinkt

Die Debatte, ob die Sorge um den Nachwuchs genetisch verankert oder erlernt ist, wird immer wieder geführt. Auch zu dieser Frage hat Harlow Affen studiert, in diesem Fall welche, die ohne mütterliche Zuwendung aufgewachsen waren und selbst Nachwuchs hatten. Er stellte fest, dass die mutterlosen Mütter unaufmerksam gegenüber ihren Jungen waren. Das lässt die Folgerung zu, dass Mutterliebe tatsächlich erlerntes Verhalten ist.

Der Schlussmach-Blues

Kennen Sie jemanden, der über eine frühere Beziehung nicht hinwegkommt?

Egal, wie viel Zeit schon vergangen ist, er oder sie kann nicht nach vorne schauen. Niemand kann an den Ex-Partner heranreichen. Sie finden die Stärke nicht, allein weiterzumachen. Schaffen Menschen es nicht, nach einer normalen Zeit des Trauerns in ihre eigene Sphäre zurückzukehren, zeigt das eine Unausgewogenheit in ihrem Selbst.

Ein Beziehungsende beinhaltet zumeist einen gewissen Grad an Ablehnung. Eine Studie an der Columbia University zeigte, dass Frauen, die Ablehnung „angespannt erwarten, bereitwillig annehmen und auf sie überreagieren“, eher depressiv wurden, wenn ihr Partner sie verlassen hat, als wenn die Trennung gemeinschaftlich beschlossen wurde oder auf ihre Veranlassung geschah – in Relation zu den Frauen, deren Angst vor Zurückweisung nicht so ausgeprägt war.

Bevor Sie schnell bei der Hand sind mit der Vermutung, dass ein Sitzengelassener den oder die Ex furchtbar vermisst, lassen Sie den Gedanken zu, dass er es einfach nicht ertragen kann, verlassen worden zu sein.

GESUNDE ABHÄNGIGKEIT ODER CO-ABHÄNGIGKEIT?

Liebe hat viele Gesichter. Menschen fühlen sich aus tausenderlei Gründen zueinander hingezogen, aber nicht alle sind gesund. Die konfliktärmsten Beziehungen bestehen zwischen Partnern mit sich ergänzenden Stärken und tiefem Respekt füreinander. Der Unterschied zwischen einer gesunden Abhängigkeit und einer Co-Abhängigkeit ist oft schwer zu erkennen.

Welche der folgenden Behauptungen trifft eher auf Ihre augenblicklichen oder vergangenen Beziehungen zu?

(a) Mein Partner und ich haben unterschiedliche Stärken, aber den gleichen Respekt voreinander. Wir sind uns über die Methoden nicht immer einig, aber ziehen immer am gleichen Strang.

(b) Mein Partner und ich haben damit zu tun, dass jeder für sich sorgt, es gibt häufig Konflikte. Die Beziehung fühlt sich wie ein Machtkampf an.

Extrem unabhängigen Menschen fällt es schwer, um Hilfe zu bitten oder sie zuzulassen, auch wenn es notwendig ist. Übermäßig abhängige Menschen drücken sich vor eigenen Entscheidungen oder Meinungen. Menschen, die immer die Kontrolle haben wollen, können andere nicht gut mitreden lassen. Sie sind nicht offen gegenüber anderen Dingen, Meinungen oder Methoden. Es wird sofort sichtbar, welche Gruppen gut zusammen funktionieren, ohne funktionsgestörte Eigenschaften hervorzurufen.
Unterm Strich braucht eine gesunde Liebesbeziehung zwei gleichwertige Partner. Eine Königin kann mit einem Bettler ausgehen, aber sie muss ihm mit Respekt und auf Augenhöhe begegnen.

Emotionale Intelligenz

Emotionale Intelligenz bezieht sich nicht nur auf Ihre eigenen Gefühle, sondern auch darauf, die Gefühle anderer Menschen und Gruppen einzuschätzen und handzuhaben. Emotional intelligent zu sein bedeutet, intelligent über Emotionen nachzudenken und emotionaler mit Intelligenz umzugehen.

MOTIVATION
Gelerntes, zielgerichtetes Verhalten
Biologische Triebe

Triebe und Zwänge sind die Grundmotivationen für unser Handeln.

AFFEKT
Emotionen
Stimmungen
Gefühlszustand
(Energie)

Die Kognition passt sich an die Erfordernisse unserer Motivation in unserem jeweiligen emotionalen Zustand (Affekt) an.

KOGNITION
Erinnerung
Folgerung
Beurteilung
Abstraktes Denken

Bewusste und unbewusste Kognition entsprechen unserer Motivation. Intelligenztests sollen zeigen, inwiefern der kognitive Bereich funktioniert.

Gefühl: Führung oder Störung?

Stellen Sie sich vor: Sie sind der Direktor einer gemeinnützigen Behörde, Ihre Tätigkeit umfasst die Vertretung jugendlicher Opfer von Familienkonflikten. Sie haben einen profilierten Job, arbeiten mit führenden Regierungsmitgliedern, Anwälten, Abgeordneten, Kindern und Familien. Sie haben tolle Projekte umgesetzt, eins der erfolgreichsten war ein Programm zur Aggressionsbewältigung, durch das viele Kinder wieder mit ihren Familien vereint werden konnten. Ihre Aufgabe ist es, sich um alle beteiligten Personen zu kümmern. Die 6-jährige Charlie hat sich in Ihr Büro geschlichen, um Ihnen auf einem gekritzelten Zettel dafür zu danken, dass sie wieder zu ihrer Familie zurück darf. Während einer der größten Networking-Partys des Jahres hören Sie plötzlich ein lautes Gepolter. Sie stehen am nächsten dran und eilen hin. Sie sehen die kleine Charlie, die von vielen Eisschälchen umgeben auf dem Boden sitzt. Sie wollen gerade über den süßen Anblick in Gelächter ausbrechen, als Charlies Vater sie aggressiv am Arm reißt und sie wegen ihrer Ungeschicklichkeit anbrüllt. Sie rennen rüber, nehmen Charlie in den Arm und schreien den

Vater an: „Haben Sie denn überhaupt nichts gelernt? Wie können Sie nur so mit ihr reden!“ Der Senator kommt gerade in diesem Augenblick vorbei und sieht Sie mit hochrotem Gesicht, hitzig und sehr laut.

Ist diese Reaktion emotional intelligent?

Ihr Verhalten ist zumindest gut nachvollziehbar, weil Sie das Mädchen gegen einen scheinbaren direkten Angriff schützen. Aber haben Sie dabei wirklich an die Bedürfnisse aller Beteiligten gedacht? Haben Sie Ihre kognitiven Fähigkeiten mit Ihrer emotionalen Führung verbunden?

Die richtige, emotional intelligente Vorgehensweise für solch eine Situation zu finden, ist schwer. Die Vernunft spricht für das Eingreifen, um dem Mädchen zu helfen, aber Sie müssen auch das Vertrauen der anderen Menschen in Sie erhalten, Krisensituationen bewältigen zu können.

Häufig scheinen uns unsere Gefühle zu überrollen und ohne Umwege Handlungen zu verursachen. Manchmal umgehen sie die kognitive Sphäre komplett, so dass wir uns hinterher fragen: „Warum um Himmels Willen habe ich das getan?“

Wofür also sind die Emotionen gut? Wenn sie ein innerer Wegweiser für unser Verhalten sind, warum geschehen dann so dumme Sachen? Denken Sie an eine Situation, in der es Sie selbst mitgerissen hat.

Emotionale Intelligenz, Stimmung und Selbstwertgefühl

Zwei bemerkenswerte Studien befassen sich mit dem Verhältnis zwischen emotionaler Intelligenz und Stimmung und zwischen emotionaler Intelligenz und Selbstwertgefühl. Die Ergebnisse brachten zu Tage, dass eine höhere emotionale Intelligenz einhergeht mit positiverer Stimmung, höherem Selbstwertgefühl und besserer emotionaler Regulierung bei Konflikten.

Das ist deswegen so interessant, weil es sich bei anderen Formen der Intelligenz nicht unbedingt so verhält: So schneiden Menschen mit Down-Syndrom schlecht bei Intelligenztests ab, aber sie sind häufig sehr positiv eingestellt und haben ein starkes Selbstwertgefühl.

Wir vertrauen unserer emotionalen Intelligenz. Manchmal handeln wir intelligenter, manchmal nicht. Einige haben sicherlich einen höheren Level an emotionaler Intelligenz als andere. Aber es gibt Grund zur Hoffnung: Auch die emotionale Intelligenz ist erlernbar.

DIE LAZARUS-THEORIE

Über die Abfolge von Ursache und Wirkung zwischen Motivation, Kognition, Affekt und physikalischer Auswirkung gibt es eine Reihe unterschiedlicher Theorien. Eine, von Richard Lazarus aufgestellt, besagt, dass vor dem Gefühl und der physiologischen Erregung der Gedanke kommen muss. Mit anderen Worten: Zuerst muss man über seine Situation nachdenken, bevor man das Gefühl dazu erleben kann.

Übung 4

Affekt

DAS PROBLEM:
Sie haben für ein erstes Date einen Tisch in einem schicken Restaurant reservieren lassen. Das ist gut. Schlecht ist, dass Sie entsetzlich nervös sind, außerdem stehen Sie im Beruf unter Stress und Sie haben Zuhause einen Rohrbruch. Sie wollen aber auf keinen Fall, dass Ihre Verabredung denkt, Sie seien ein verknitterter Griesgram. Welche psychologischen Einsichten können Ihnen helfen, Ihre Gefühle in den Griff zu bekommen, um einen guten Eindruck zu machen?

DIE METHODE:
Wir nehmen an, dass erst die Gefühle da sind und als Folge das Verhalten oder die körperlichen Auswirkungen einsetzen. Wir weinen, weil wir traurig sind. Wir haben Angst, also rennen wir davon. Heute befürchten Sie, nervös und launisch zu wirken, weil Sie sich so fühlen. Drehen Sie die Kausalität doch um! Der Papst der amerikanischen Psychologie William James hatte Ende des 19. Jahrhunderts diese Idee vorgeschlagen. Er demonstrierte sie anhand eines Menschen, der im Wald vor einem Bären davonläuft. James meinte, dass es das Rennen selbst ist, dass die Angst erst vorursacht. Bekannt wurde dies als die James-Lange-Theorie, ein weiterer Denker des 19. Jahrhunderts mit ähnlichen Vorstellungen.

Zwar wissen wir heute, dass viele Faktoren dazugehören, um Emotionen zu erleben, dennoch sind in den letzten Jahren immer mehr Fakten bekannt geworden, die die James-Lange-Theorie zumindest in Teilen belegen. Studien haben gezeigt, dass es glücklicher machen kann, wenn man lächelt. Wenn wir ein Lächeln aufsetzen, während wir uns an etwas erinnern sollen, fördert das positivere Erinnerungen hervor als mit einem neutralen Gesichtsausdruck. Es gibt sogar Belege dafür, dass Menschen mit Botox-Behandlungen weniger intensiv fühlen, wahrscheinlich weil sie ihren Gesichtsausdruck nicht mehr ihren Gefühlen anpassen können. Nimmt man die Seestern-Haltung mit gespreizten Armen und Beinen ein, lassen sich Schmerzen erwiesenermaßen besser ertragen. Man denkt, dies funktioniert, weil bestimmtes Verhalten und Mienenspiel zu einem körperlichen Feedback führen, das im Gehirn widerhallt und beeinflusst, wie wir uns fühlen.

DIE LÖSUNG:
Nutzen Sie diese psychologischen Prozesse, um das erste Date genießen zu können. Richard Wiseman, Professor für öffentliches Verständnis von Psychologie an der Universität Hertfordshire in Großbritannien, nennt dies das „Als-ob"-Prinzip. Verhalten Sie sich, als ob Sie froh und zuversichtlich wären – lächeln Sie, summen Sie fröhlich, während Sie sich für den Abend zurechtmachen. Denn auch, wie wir körperliche Erfahrungen interpretieren, ist wichtig. Denken Sie doch, dass die Schmetterlinge in Ihrem Bauch für Spannung stehen und nicht für Angst.

Sind Sie mit Ihrem Date erst einmal im Restaurant, können Sie das Als-ob-Prinzip weiterführen. Halten Sie die Arme locker und nehmen Sie eine entspannte Körperhaltung ein. Konzentrieren Sie sich auf die Gegenwart und vergessen Sie ihre Sorgen, Sie können jetzt sowieso nichts daran ändern. Benehmen Sie sich ungezwungen und bald schon werden Sie sich auch so fühlen. Ein anderer Trick ist es, sich ganz auf Ihr Gegenüber zu konzentrieren. Ihr Date könnte auch nervös sein. Versuchen Sie, sich so zu verhalten, dass auch Ihre Verabredung sich entspannen kann, das lenkt Sie von Ihrer eigenen Anspannung ab, auch lösen Sie damit Dankbarkeit aus, die wiederum für eine ungezwungenere Atmosphäre sorgt. Lächeln Sie! Sie werden sich großartig amüsieren.

Kapitel 5

Das soziale Selbst

Wir sind eine ungemein soziale Spezies. Einige der berühmtesten psychologischen Experimente befassen sich mit dem Miteinander. Warum befolgen wir Befehle? Warum gibt es so viele Vorurteile, wenn wir doch alle ein und derselben menschlichen Rasse angehören? Diese und andere Fragen wollen wir beleuchten und Tipps geben, wie man persönliche Beziehungen verbessern kann.

Vorurteile

Können Sie Sozialgeschichte in acht Worten zusammenfassen? Wie wäre es damit: Menschen bilden Gruppen und konkurrieren mit anderen Gruppen? Gut, das deckt nicht alle Bereiche ab, aber alle, von Familien zu Nationen, haben die Neigung, sich in sozialen Gruppen zusammenzufinden – mit tief reichenden Auswirkungen auf die Geschichte. Ein Mitglied einer Gruppe zu sein, hat in Bezug auf Kooperation und Teamarbeit große Vorteile. Ein unglücklicher Nebeneffekt ist, dass wir uns nicht mehr als Individuen sehen, sondern uns anhand unserer Gruppenzugehörigkeit beurteilen.

Gehörst du zu uns oder nicht?

Henri Tajfel und sein Team demonstrierten die Macht der Gruppenidentität in einer Studie aus dem Jahr 1971. Schüler wurden lediglich aufgrund ihrer Vorliebe für zwei abstrakte Künstler – Paul Klee und Vasilij Kandinsky – in zwei Gruppen aufgeteilt. Als dann jedes Kind Geld zwischen zwei anonymen Gruppenmitgliedern aufteilen sollte, eins gehörte zu Klee, das andere zu Kandinsky, bevorzugten sie das Kind aus der eigenen Gruppe und teilten ihm mehr Geld zu.

Man nimmt an, dass dieser Gruppeninstinkt vielen Vorurteilen der heutigen Welt zugrunde liegt. In alten Zeiten war es für unsere Vorfahren sicher hilfreich, wenn es für ihre Gruppe bestimmte Kennzeichen wie Kleidung oder Symbole (die Hautfarben benachbarter Stämme hat sich sicher nicht großartig unterschieden) gab. Leider verwenden wir solche Anhaltspunkte auch heute noch, obwohl sie meist bedeutungslos sind. Biologische Untersuchungen haben ergeben, dass es zwischen Mitgliedern derselben Gruppe größere genetische Unterschiede gibt, als zwischen Mitgliedern verschiedener Gruppen. Dummerweise verwenden wir sehr grobe soziale Merkmale, meistens sind das Alter, Geschlecht und Rasse.

Du bist widerlich

Die jüngere Forschung hat ergeben, dass unsere Besessenheit von Gruppen teilweise durch Ekelgefühle getrieben wird. Unser instinktiver Abscheu hält uns ab, alte oder verdorbene Nahrung zu uns zu nehmen. Genau dasselbe Gefühl mag dahinter stecken, dass wir soziale Außenseiter mit ihren fremden Sitten und Ansichten nicht in unseren Gruppen haben wollen. Diese Annahme wird unterstützt dadurch, dass konservativere Menschen, die gegen die Einwanderungspolitik sind, im Ganzen schneller Ekel empfinden, im Sinne von „In einer öffentlichen Toilette berühre ich niemals den Sitz."

Bildgebende Hirnforschung zeigt, dass wir dazu tendieren, Mitglieder anderer sozialer Gruppen als nicht-menschlich anzusehen. Diese Entdeckung würde erklären, warum wir zu Grausamkeiten gegenüber anderen Menschen fähig sind. Lasana Harris und Susan Fiske haben die Gehirne von Studenten gescannt,

MESSEN SIE IHRE SOZIALE EINSTELLUNG

Psychologen stoßen immer wieder auf das Problem, dass Testpersonen ihre Meinung der gesellschaftlichen Akzeptanz anpassen. Anhand des implizierten Assoziationstests soll das umgangen werden. Im Internet sind viele Beispiele dafür frei verfügbar.

Der Test basiert auf der Idee, dass es Personen leichter fällt, auf assoziierte Konzepte mit derselben Antworttaste zu reagieren. Wenn jemand stark konservative Ansichten vertritt, kann man erwarten, dass er langsamer reagiert, wenn er dieselbe Taste für positive Wörter („gut") und für liberales Verhalten („homosexuell") benutzen soll, als wenn er dieselbe Taste für negative Wörter und liberale Werte oder Verhalten drücken kann.

Ein Kritikpunkt an dieser Methode ist, dass hier weniger unsere Einstellung reflektiert wird, weil das Tempo unserer Eingabe dadurch beeinflusst werden kann, wie häufig wir im Alltag auf die Paarung bestimmter Kategorien und Werturteile stoßen. Darüber, wie schlimm es ist, dass immer mehr Teenager schwanger werden, lesen wir oft. Dadurch wird unsere Reaktionszeit beeinflusst, auch wenn wir nicht dieser Meinung sind.

die sich Bilder von verschiedenen sozialen Gruppen ansahen. Sportgrößen, ältere Menschen und Geschäftsleute verursachten Aktivität im mittleren präfrontalen Kortex, ein Zeichen für die gedankliche Beschäftigung mit uns selbst oder anderen Menschen. Bei Obdachlosen oder Drogenabhängigen blieb diese Region passiv, aber die Hirnareale für Ekel reagierten.

Gehorsam gegenüber Autoritäten

Gehorsam ist für das Bestehen einer zivilisierten Gesellschaft überlebenswichtig. Wenn die Mehrheit der Menschen den Gesetzen nicht mehr gehorcht, setzt Anarchie ein. Aber Gehorsam hat auch eine dunkle Seite: Zu einem gewissen Grad hat die Bereitschaft der Menschen zum Gehorsam zu den schlimmsten Gräueltaten der Geschichte geführt.

Ein schockierendes Experiment

Eins der berühmtesten psychologischen Experimente aller Zeiten untersuchte, wie weit Menschen in ihrem Gehorsam gehen. Stanley Milgram lud 1961 männliche Teilnehmer ins Labor der Universität von Yale ein. Angeblich zu einer Studie darüber, wie sich Bestrafung beim Lernen auswirkt. Sie sollten einem anderen Teilnehmer (in Wahrheit ein Schauspieler) einen elektrischen Schlag verpassen, wenn der in einem mündlichen Test eine falsche Antwort gab. Ihnen wurde versichert, dass die Elektroschocks zwar schmerzlich sein könnten, aber keinen Schaden anrichten würden.

Über eine Reihe von 30 Schaltern wurden die Elektroschocks erteilt, angefangen mit 15 Volt bis hin zu 450 Volt. Immer vier Schalter waren zu einer Gruppe angeordnet, von „Leichte Stärke" über „Gefahr: Bedrohliche Stärke" bis hin zu den letzten beiden Gruppen über 330 Volt, die nur mit „XXX" gekennzeichnet waren.

Die Teilnehmer sahen zu, wie der Schauspieler/Lernende auf einem Stuhl festgebunden wurde. Dann gingen sie in den Raum nebenan mit den Schaltern. Von Anfang an beantwortete der Lernende viele Fragen falsch, so dass der Teilnehmer immer stärkere Stromschläge erteilte. Bei 300 Volt stampfte der Lernende voller Protest gegen die Wand. Bei 315 Volt wiederholte sich das, dann gab er keine Antworten mehr. Danach kam kein Laut mehr von ihm.

Der Experimentleiter, ein strenger Mann in einem grauen Laborkittel, verlangte, dass der Teilnehmer das Schweigen als falsche Antwort bewerten und dem Lernenden einen Stromschlag verpassen sollte. Es gab 40 Teilnehmer zwischen 20 und 50 Jahren aus verschiedenen Berufszweigen. Was denken Sie, wie viele immer weiter Elektroschocks verteilten – bis hin zum höchsten Wert? Hätten Sie bis zum Ende weitergemacht?

26 der 40 Teilnehmer taten es. Sie benutzten die stärksten Stromstöße. Bei früheren Experimenten berichtete Milgram von ähnlichen Ergebnissen. Aus ethischen Gründen hat sich keiner wieder an ein Experiment dieser Art herangetraut. Für die Teilnehmer war der Stress immens. Viele zitterten und schwitzten, andere bekamen nervöse Lachanfälle. Einen Mann überfielen so schwere Krämpfe, dass das Experiment abgebrochen werden musste.

Die Wirkung des Experiments nur wenige Monate nach dem Prozess gegen den nationalsozialistischen Kriegsverbrecher Adolf Eichmann, sowohl auf die akademische Psychologie als auch auf die Volkskultur, war enorm. In neuerer Zeit

WIE GEHORSAM SIND SIE?

1. Ich bekam einen Schulverweis wegen schlechten Benehmens. JA/NEIN
2. Polizisten machen mich etwas nervös. JA/NEIN
3. Regeln sind dazu da, gebrochen zu werden. JA/NEIN
4. Ich würde in einer Bibliothek niemals laut sprechen. JA/NEIN
5. Ich nehme häufig verbotene Abkürzungen. JA/NEIN
6. Ich finde, es ist wichtig, dass ein Land einen starken Führer hat. JA/NEIN
7. Keiner sagt mir, was ich zu tun habe. JA/NEIN
8. Ich stelle mein Auto nie im Parkverbot ab. JA/NEIN

ERGEBNIS

Für jedes „JA" gibt es 1 Punkt. Ziehen Sie die Punkte für die Fragen 1,3,5 und 7 von Ihrem Gesamtergebnis für Fragen 2,4,6 und 8 ab.

3 oder 4 Punkte: *Alles fürs Vaterland*. Sie sind bereit, alle Befehle auszuführen.

–2 bis 2: *Die werden schon wissen, was sie tun* – Sie machen, was man Ihnen sagt, aber nur innerhalb vernünftiger Grenzen.

gab es den Fall der U.S.-Soldaten, die die irakischen Häftlinge in Abu Ghraib misshandelten und die angaben, sie hätten nur Befehle befolgt. Das Thema Gehorsam hat nichts von seiner Aktualität verloren.

Experimente in der virtuellen Realität

Psychologen am University College London rekonstruierten im Jahr 2006 Milgrams klassisches Experiment und führten es virtuell durch. Teilnehmer gaben einer computeranimierten Frau Stromschläge, wenn sie Fragen falsch beantwortete. In erster Linie diente das Experiment der Erkenntnis, ob man solche Versuche allgemeingültig und realistisch am Computer durchführen kann.

Bemerkenswert war, dass viele Teilnehmer das Experiment vor den stärksten Stromschlägen abgebrochen haben. Messungen ergaben, dass sowohl Herzfrequenz und Schwitzen belegten, dass sie deutlich unter Stress standen.

Das Problem mit dem Gruppen-Brainstorming

Sie haben den Auftrag, mit Ihren Freunden Ideen zu entwickeln, wie man den Tourismus in Ihrer Stadt ankurbeln kann. Wie würden Sie die Gruppe organisieren? Würden Sie sich alle zusammensetzen und ein Brainstorming veranstalten? Besser nicht, denn die Forschung zeigt, dass solch ein Vorgehen Ihre Kreativität behindert. Sie täten besser daran, wenn jeder zuerst allein nachdenkt, um später alle Einfälle zusammenzuwerfen.

Michael Diehl und Wolfgang Stroebe erstellten 1987 eine Liste von 22 durchgeführten Studien, in denen verglichen wurde, wo die Produktivität höher lag: in Brainstorming-Gruppen oder im Team, in dem jeder für sich arbeitet, um dann die Ideen zusammenzuführen. Die Botschaft war eindeutig: Von 22 Studien belegten 18, dass die einzeln arbeitenden Teammitglieder kreativer waren.

Warum ist Brainstorming noch so beliebt?

Der niederländische Psychologe Bernard Nijstadt sagt, dass wir beim Gruppen-Brainstorming viel Zeit verwenden, darauf zu warten, dass andere sprechen, was den Druck von uns nimmt. Außerdem bekommt man den Eindruck, man hätte viele Ideen gehört. Wenn wir allein arbeiten, stehen wir unter dem ständigen Druck, etwas zu produzieren. Und wenn uns vorübergehend nichts einfällt, kann das ein Gefühl des Versagens auslösen. Nijstadt glaubt, dass in diesem unterschiedlichen Empfinden der Grund dafür liegt, dass am Brainstorming festgehalten wird.

Seine Studie aus dem Jahr 2006 scheint das zu untermauern. Dutzende von Studenten sollten entweder im Alleingang oder in Gruppen Ideen entwickeln, wie der Tourismus von Utrecht vorangetrieben werden könnte. Hinterher waren die Studenten, die in Gruppen gearbeitet hatten, zufriedener mit ihren Ideen und fühlten sich kreativer als die Studenten, die die Aufgabe allein bewältigt hatten.

Was dazu beiträgt, dass das Brainstorming sich effektiver anfühlt, ist die Gedächtnisverwirrung, das heißt, man glaubt, die Ideen anderer Teilnehmer stammen von einem selbst. Dann ist da noch der soziale Vergleich: Wenn wir beobachten, dass andere sich schwer damit tun, Ideen zu entwickeln, neigen wir dazu, uns überlegen zu fühlen.

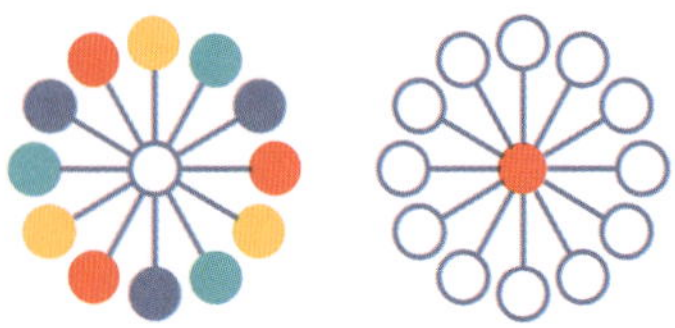

FÜNF WEGE, DIE GRUPPENKREATIVITÄT ANZUKURBELN

Die magische Nummer Drei

Wenn es nicht um Ideen geht, sondern um logische Probleme, funktionieren 3-Personen-Gruppen am besten. Patrick Laughlin untersuchte 2006 die Leistungen von 2-, 3-, 4- und 5-Personen-Gruppen bei Buchstaben-Zahlenaufgaben, bei denen die Teilnehmer mit so wenigen Fragen wie möglich herausfinden mussten, welche Buchstaben den Zahlen entsprachen. Die 3-, 4- und 5-Personen-Gruppen schnitten ausnahmslos besser ab als die gleiche Anzahl Solo-Arbeiter. Da die 4- und 5-Personen-Gruppen keine bessere Leistung brachten als die 3-Personen-Gruppen, scheint 3 die ideale Anzahl zur Lösung logischer Probleme zu sein.

Einigkeit ist wichtig

Interdisziplinäre Teams sind besonders effektiv, benötigen aber bestimmte Dynamiken, um nicht in Cliquen zu zerfallen. Doris Fay nahm eine Studie des britischen Gesundheitsservices NHS als Grundlage und stellte fest, dass stark fachübergreifende Teams unter bestimmten Umständen Ideen von besserer Qualität lieferten als weniger interdisziplinäre: Alle Teammitglieder mussten sich mit derselben Sache beschäftigen. Jeder fühlte sich ernstgenommen. Das Team dachte über seine Effektivität nach. Zwischen den Mitgliedern fand reger Kontakt statt.

Frisches Blut im Team

Nicht jeder verfügt über genügend Personal, um die gesamte Zusammenstellung der Teams aufzufrischen, wie andernorts vorgeschlagen wird. In einer Studie von 2005, die sich mit 3-Personen-Gruppen befasst, zeigten Hoon-Seok Choi und Leigh Thompson, dass es die Kreativität eines Teams erhöht, wenn man nur ein Mitglied austauscht. Bemerkenswert ist, dass die Neuen nicht nur ihre eigenen Ideen in die Runde warfen, sondern auch die Kreativität der zwei „alten“ Mitglieder auffrischten.

Teamzusammenstellung

Verändert man die Zusammenstellung eines Teams nicht, fühlen sich die Mitglieder wohl, aber zu einem Preis. Charlan Nemeth und Margaret Ormiston fanden 2007 heraus, dass stabile Teams weniger kreativ sind als neue.

Brainstorming funktioniert nicht in der Gruppe

Stattdessen sollten die Mitglieder allein an neuen Ideen arbeiten, die sie dann zusammenführen.

Nachahmer

Wir alle sind Nachahmer. Es ist Ihnen bestimmt schon aufgefallen, dass Sie gähnen müssen, wenn jemand anderes gähnt? Wenn Sie lachen, lacht jemand mit. Einer lehnt sich zurück, Sie machen das nach. Vielleicht übernehmen Sie sogar die Schlagworte von jemandem oder imitieren seinen Akzent. In unterschiedlichem Umfang machen wir das alle. Aber warum und zu welchem Zweck?

Nachahmung ist das aufrichtigste Kompliment

William Maddux von der INSEAD Business School in Paris stellte 2007 Dutzende von Wirtschaftsstudenten zu Paaren zusammen, einer spielte die Rolle des Arbeitgebers, der andere war der Bewerber. Sie sollten die Bedingungen des Arbeitsvertrages aushandeln. Die Hälfte der Studenten wurde instruiert, die Eigenarten des Gesprächspartners zu imitieren.

Die Auswirkungen waren eindrucksvoll, besonders, da vorab kein Training erfolgt war. Die Nachahmer-Studenten erreichten mehr Verhandlungsziele und ihre Gesprächspartner profitierten auch, da sie besser abschnitten als die Studentenpaare, die keine Nachahmer waren.

Was war passiert? Ein weiteres Experiment zeigte, dass die Studenten, die in den Verhandlungen Nachahmer waren, als überdurchschnittlich vertrauenswürdig eingestuft wurden. Die Wirkung der Imitation geht jedoch noch über die Wahrnehmung des Nachahmers hinaus. Der niederländische Psychologe Rick van Baaren lud studentische Teilnehmer ins Labor ein, um Anzeigen zu bewerten. Währenddessen wurde die Hälfte der Studenten von einem Forscher imitiert, wodurch die Studenten positiv beeinflusst wurden und alle Beteiligten anders behandelten, nicht nur die Nachmacher. Von den imitierten Studenten hoben mehr den „aus Versehen“ fallengelassenen Stift eines Forschers auf und sie wollten einer wohltätigen Sache mehr Geld zukommen lassen, als die Studenten, die nicht nachgeahmt wurden.

Es scheint, dass das Imitieren uns in einen positiven Zustand versetzt, in dem wir selbstloser handeln. Wenn das, was wir sehen, dasselbe ist, was wir machen, fällt es unserem Hirn leichter, es zu verarbeiten. Es ist eine fließende, erfüllende Erfahrung. Van Baaren sagt, dass imitiert werden quasi der Grundzustand ist, und es einen negativen Effekt auf uns ausübt, wenn wir nicht nachgeahmt werden. In einer Studie wurden die Gehirne von Testteilnehmern untersucht. Dabei zeigte sich, dass verstärkte Aktivität in Teilen des Hirns auftrat, die für negative Gefühle, auch Ekel zuständig sind, wenn die Teilnehmer nicht imitiert wurden.

Experten sind sich nicht sicher, warum wir einander nachahmen, aber aus evolutionärer Perspektive, die uns immer schon als soziale Tiere gesehen hat, macht es sicherlich Sinn, sich so zu benehmen, dass uns andere wohlgesonnen sind. So kann Imitation als eine Art sozialer Kleber gesehen werden, der hilft, harmonische Beziehungen aufzubauen. Außerdem hat die Nachahmung in Hinsicht auf das reine Überleben Bedeutung: Wird die Gruppe bedroht (zum Beispiel durch einen Wolf), ist es ratsam, dass wir das Verhalten der anderen imitieren (abhauen und verstecken).

Ein Wort der Warnung

Diese Erkenntnisse könnten Sie dazu verleiten, das Imitieren auszuprobieren, aber bedenken Sie, dass der Schuss mit voller Wucht nach hinten losgeht, wenn die Menschen merken, dass sie nachgeahmt werden. Imitieren geschieht auf natürliche Weise beim Interagieren von zwei Menschen. Wenn Sie absichtlich die Körpersprache einer anderen Person nachahmen, besteht das Risiko, erwischt zu werden.

Ein Trick, das zu vermeiden, ist die zeitliche Verschiebung. Wenn Ihr Gesprächspartner die Beine überkreuzt, warten Sie ein paar Sekunden, bevor Sie das nachahmen. Über die beste Art vorzugehen scheinen bisher noch keine Forschungsergebnisse vorzuliegen. Es gibt aber Versuche mit Avataren am Computer (computeranimierte Personen), die Testpersonen imitierten, wobei die Zeitspanne zwischen Handlung und Imitation vier Sekunden betrug. In einer Studie von Jeremy Bailenson und Nick Yaa von der Stanford University erwies sich ein Avatar, der Studenten in einem 4-Sekunden-Verzögerungsmodus imitierte, als überzeugender, als der Avatar, der nicht nachahmte.

Kultur und Perspektive

Die Kultur, in der wir aufwachsen, formt unsere Wahrnehmung, so dass die Reaktion unseres Gehirns auf einfache Sehaufgaben beeinflusst wird. Die Forschung konzentriert sich auf die verschiedenen Perspektiven, die Menschen aus kollektivistischen Kulturen wie China, Japan und Korea einnehmen im Vergleich zu den individualistischeren Kulturen wie Nordamerika und Westeuropa.

Menschen in kollektivistischen Kulturen werden zu einem harmonischen Miteinander und entsprechendem Benehmen angehalten. Im Gegensatz dazu soll man in individualistischen Kulturen wissen, was man möchte und wie man es bekommt.

Die kulturellen Unterschiede haben Einfluss darauf, wie sehr ein Mensch die Perspektive der anderen einnimmt. Kinder können mit vier Jahren Dinge aus dem Blickwinkel einer anderen Person betrachten. In individualistischen Kulturen soll diese Fähigkeit nicht abgeschafft werden, eher die Neigung, sie zu benutzen.

2007 spielten in einer Studie von Shali Wu und Boaz Keysar von der University of Chicago 20 Nicht-Asiaten und 20 Chinesen ein Spiel, bei dem ihnen ein Forscher vorgab, wie sie Objekte in einem regalartigen Gitter bewegen sollten, das von beiden Seiten einsehbar war. An einigen Stellen waren die Fächer nur vom Teilnehmer sichtbar, was diese auch wussten.

Schlaues Schachteln

Wu und Keysar maßen, wie lang es dauerte, bis die Teilnehmer auf einfache Anweisungen wie „Bewegen Sie den Bauklotz zwei Fächer nach oben" reagierten. Das war nur unklar, wenn die Teilnehmer nicht die Perspektive des Forschers einnahmen, schließlich könnte es sein, dass zwei Fächer da waren, der Forscher aber nur eins sehen konnte. Wu und Keysar stellten fest, dass die amerikanischen Teilnehmer langsamer reagierten, und nachfragten, etwa „Welchen Bauklotz meinen Sie?" was aufdeckte, dass sie nur ihre eigene Perspektive berücksichtigten.

Rücksicht

Eine andere Studie aus demselben Jahr von Angela Leung von der Singapore Management University und Dov Cohen von der University of Illinois in Urbana-Champaign brachte deutlich zu Tage, dass europäisch-stämmige Amerikaner in der ersten Person an sich selbst denken, asiatisch-stämmige Amerikaner aber die Perspektive der dritten Person einnehmen.

In einem Experiment wurden Teilnehmern Geschichten erzählt. Ihre Interpretation beeinflusste, wie sie die nachfolgenden, unklaren Anweisungen umsetzten. In einer Geschichte will der Teilnehmer einen Freund in einem Wolkenkratzer besuchen. Er nahm den Aufzug zum 94. Stockwerk, gleichzeitig fuhr der Freund mit einem anderen Aufzug runter zur Rezeption. Anschließend bekamen die Teilnehmer eine Landkarte, auf der die Stadt „Jackson“ vermerkt war. Sie sollten die Stadt „Jamestown“ markieren, die die nächste Stadt „nach“ Jackson auf dem Nord-Süd-Highway war.

Leung und Cohen stellten fest, dass die asiatischen Amerikaner eher die nächste Stadt südlich von Jackson als Jamestown kennzeichneten, die europäischen Amerikaner die nächste Stadt nördlicher Richtung. Das entspricht dem Gedanken, dass die asiatischen Amerikaner in der Geschichte die Perspektive des Freundes (Aufzug fährt runter – Stadt im Süden) übernommen haben, die europäischen Amerikaner haben ihre Perspektive behalten und Jamestown nach der Aufzugfahrt nach oben in den Norden gelegt.

Wie lang ist ein Stück Faden?

Trey Hedden von der Stanford University führte den Versuch 2008 eine Stufe weiter, indem er die Auswirkung der kulturellen Herkunft auf die Gehirnaktivität untersuchte. Er fand heraus, dass eine einfache Sehaufgabe, bei der die Länge eines Fadens genau geschätzt werden sollte, bei ostasiatischen Testteilnehmern erhöhte Aktivität in einigen Hirnarealen verursachte, beim relativen Schätzen der Fadenlänge geschah das nicht. Bei den europäischen Amerikanern lag der Fall genau anders herum. Hedden und sein Team schlossen daraus, dass genaue Beurteilungen für Menschen aus kollektivistischen Kulturen anstrengender sind, wohingegen es Personen aus individualistischen Kulturen schwerer fällt, relative Angaben zu machen.

EIN GEDANKENEXPERIMENT ZUR PERSPEKTIVE

Ihnen wird mitgeteilt: „Die Besprechung nächste Woche Mittwoch wurde um zwei Tage nach vorn verschoben.“ Was denken Sie – an welchem Tag findet sie statt? Die Antwort scheint klar auf der Hand zu liegen, aber es gibt große Schwankungen, wie diese Aussage ausgelegt wird. Wenn Sie sich in Ihrer Vorstellung vorwärts durch die Zeit bewegen, vermuten Sie, dass das Treffen am Freitag stattfindet. Wenn die Zeit aber an Ihnen vorbeizieht, würden Sie am Montag damit rechnen.

Persönliche Beziehungen

Als soziale Wesen sind enge Beziehungen Voraussetzung für unser Wohlgefühl. Forschungsergebnisse belegen, dass verheiratete Menschen länger leben als Singles. Robert Kaplan und Richard Kronick von der University of California haben 1989 den Familienstand von Zehntausenden von Menschen untersucht und 1997 nachgesehen, wer noch lebte. Vergleichsweise waren mehr Singles gestorben, besonders die, die niemals verheiratet waren.

Inzwischen hat Constantine Sedikides von der Southampton University bewiesen, dass allein schon der Gedanke an nahestehende Personen einen positiven und schützenden Effekt auf unser Wohlgefühl hat. Sedikides hat Testteilnehmer zuerst gebeten, an eine ganz enge Verbindung zu denken. Als er ihnen mitteilte, dass ihre geistigen Fähigkeiten Schwächen hatten, nahmen sie es besser auf, weil der Gedanke an einen geliebten Menschen als Schild für ihre eigene Wertschätzung wirkte. Hier gibt es nun fünf Tipps für eine gesunde Beziehung:

Unterstützen Sie großzügig

Wenn Sie Ihren Partner umfassend und bedingungslos unterstützen, macht ihn das nicht bedürftig, sondern unabhängiger und eigenständiger. Diesen Effekt hat die Psychologin Brooke Feeney von der Carnegie Mellon University das „Abhängigkeitsparadoxon“ genannt. Bei den 165 untersuchten verheirateten Paaren stieg die Wahrscheinlichkeit, ein gestecktes Ziel nach 6 Monaten bei uneingeschränkter Unterstützung durch den Partner zu erreichen, da sie sich dadurch geschätzt und sicher fühlten.

Bleiben Sie in Verbindung

Es gibt Situationen im Leben, in denen es schwierig ist, enge Freundschaften zu erhalten. Die Psychologen Debra Oswald und Eddie Clark untersuchten dies bei 137 Studenten, die gerade von der Schule auf die Universität gewechselt waren. Im Frühling darauf gaben nur noch 55 Prozent an, dass ihre besten Schulfreunde noch ihre engsten Freunde waren. Oswald und Clark stellten fest, dass die geografische Entfernung für das Überleben einer Freundschaft völlig unwichtig war. Das Andauern hing von häufigen Telefonaten ab, vom Mitteilen privater Gedanken und von der Freude beim Treffen. Außerdem klagten diejenigen, die mit ihrem besten Schulfreund in engem Kontakt blieben, seltener über Einsamkeit während des ersten Jahres an der Universität.

Schreiben Sie über Ihre Beziehung

Über die eigene Beziehung zu schreiben, könnte ihre Dauer verlängern, sagt eine Studie von Richard Slatcher und James Pennebaker von der Universität von Texas in Austin. Sie ließen 43 heterosexuelle Erstsemester drei Tage lang 20 Minuten täglich über ihre Beziehung schreiben. Genauso viele schrieben solange ihre Tageserlebnisse auf. Drei Monate später waren von den Beziehungsbeschreibern noch 77 Prozent mit dem Partner zusammen, aber nur 52 Prozent der anderen Gruppe. Die Analyse der Instant-Messaging-Kommunikation zwischen den Studenten und ihren Partnern zeigte, dass das Schreiben über die Beziehung dazu führte, mehr positive Gefühlsworte füreinander zu verwenden.

Halten Sie die Waage

Gemäß der Austauschtheorie steht es schlecht um die Zukunft einer Beziehung, wenn ein Partner weniger bekommt, als er gibt. Das umfasst ein weites Spektrum und schließt Liebe, Geld, Status und Sex ein. Susan Sprecher von der Illinois State University begleitete fast fünf Jahre lang die Beziehungsentwicklung von 101 Studentenpaaren. Sie ermittelte, dass Studenten, die das Gefühl hatten, sie würden mehr in die Beziehung stecken als herausbekommen, nicht so zufrieden waren oder für die Beziehung lebten. Sprecher sagt, dass die Wirkungsrichtung nicht immer ganz eindeutig ist. In einigen Fällen kann es auch sein, dass erst der Mangel an Zufriedenheit und Hingabe an die Beziehung die Ursache war, dass jemand sich mehr als Gebender denn als Nehmender fühlt.

Reden Sie freundlich miteinander

Der Eheexperte John Gottman vom Relationship Research Institute in Seattle sagt, er kann ziemlich genau voraussagen, ob eine Ehe Bestand haben wird. Seine Einschätzung basiert lediglich aus der Analyse der Gespräche zwischen Ehepaaren. Er betrachtet Videoaufnahmen von Paaren, die ein Problem diskutieren, bei dem sie nicht übereinstimmten, oder die über ihre Vergangenheit reden. Bei den Paaren, die in den folgenden drei Jahren zusammenblieben, gab es ein Verhältnis 5:1 von positiven zu negativen Aussagen. Im Gegensatz dazu war das Verhältnis bei Paaren, die sich trennten, 1:1.

Profil

António Damásio

António Damásio ist ein bedeutender Neurologe und Neurowissenschaftler. Er schrieb erfolgreiche Bücher über die biologischen Grundlagen des Bewusstseins und der Emotionen, wie *Ich fühle, also bin ich*, das die New York Times auf die Liste der zehn besten Bücher 2001 setzte, und *Descartes' Irrtum*. Beide wurden in mehr als 30 Sprachen übersetzt.

Damásio wurde in Lissabon geboren. Später studierte er dort Medizin (Abschluss 1969) und machte seinen Doktor 1974. Damásio ist David Dornsife Professor der Neurowissenschaft und Direktor des Brain und Creativity Institute an der Universität von Southern California. Er errang zahllose Preise, unter ihnen der Prince of Asturias Award for Technical and Scientific Research im Jahr 2005. Er ist Mitglied der Institute of the National Academy of Sciences.

Damásio und seine Frau Hanna (ebenfalls eine angesehene Neurowissenschaftlerin) untersuchen Patienten mit Hirnschäden und setzen bildgebende Techniken ein, um die neurologische Grundlage des Selbst, der Emotionen und der Entscheidungen zu finden. Damásio glaubt, dass unser Kern-Bewusstsein im Zusammenspiel von Organismus und Objekt liegt, da die Beschäftigung mit Objekten uns zu dem führt, was er „fühlen, was geschieht" nennt. Autobiographische Details, individuell in unserem Gedächtnis gespeichert, bilden die Basis für unser „erweitertes Selbst".

Damásio hofft, seine Arbeit mit den Erkenntnissen aus anderen Fachgebieten zusammenzuführen, um eine Lösung des menschlichen Konflikts zu finden und das Geheimnis des Bewusstseins aufzudecken.

Moralische Entscheidungen

Damásio hat herausgefunden, welche Rolle Gefühle bei moralischen Entscheidungen spielen. Folgendes: Würden Sie als Geisel eine andere Geisel töten, damit Sie selbst und acht Kinder freikommen? Die meisten schrecken vor der Vorstellung zurück, jemanden absichtlich umzubringen und würden lieber die Mehrheit opfern, um ein Leben zu retten. Im Gegensatz dazu handeln Menschen mit beschädigtem ventromedialen präfrontalen Kortex (also ohne Emotionen) in solchen Situationen unter nutzbringenden Gesichtspunkten und töten eine Person, um viele zu retten. Stehen sie vor weniger moralischen Entscheidungen, ähneln sie aber wieder den gesunden Menschen.

TESTEN SIE DIE THEORIE ÜBER DIE SOMATISCHEN MARKER

Früher werteten Experten die Entscheidungsfindung als rein rationalen Prozess. Eine von Damásios bekanntesten Theorien ist allerdings die der somatischen Marker, die die Schlüsselrolle der Emotionen verdeutlicht.

Um seine Theorie der somatischen Marker zu testen, verwendete Damásio unter anderem eine Glückspielaufgabe, die auf simple Weise Belohnung, Bestrafung und Unsicherheit aufgreift. Sie können den Test mit Freunden nachstellen. Zuerst stellen Sie ein Spiel aus 100 Karten zusammen, das Sie in vier Haufen aufteilen. Die Karten in den Haufen A und B versprechen Belohnungen von je 100 Euro, aber jede zehnte Karte bedeutet eine Strafe von 1.250 Euro.

Die Karten in Haufen C und D bringen 50 Euro, jede zehnte ist eine Strafkarte mit einem Wert von 250 Euro. Sie müssen die Karten genauso anordnen, ohne es zu verraten. Ihr Freund soll nun jeweils eine Karte von einem Stapel nehmen. Das Ziel ist, mit 50 Karten so viel Geld wie möglich anzuhäufen. Beobachten Sie die Spielweise und halten Sie die Summe fest, wenn Sie die Ergebnisse Ihrer Freunde vergleichen wollen.

Anfangs wissen Ihre Freunde nicht, was sie erwartet und werden sich bestimmt an die Haufen mit den höchsten Gewinnen halten. Im Verlauf des Spiels werden sie sich instinktiv immer stärker den Haufen mit den kleinen Gewinnen zuwenden, weil das die gerissene Methode ist, mehr Geld zu machen. António Damásio bewies, dass Emotionen nötig sind, um dieses Spiel mit Erfolg abzuschließen. Patienten mit Durchschnittsintelligenz, die aber emotional beeinträchtigt durch die Beschädigung ihres ventromedialen präfrontalen Kortex sind, heben weiter Karten von den Haufen A und B ab. Und so treffen sie ihre katastrophalen Entscheidungen im echten Leben. Dies Verhalten zeigt sich auch bei Spielsüchtigen.

Damásio maß die emotionalen Reaktionen der gesunden Menschen während des Spiels anhand ihres Fingerschweißes. Bereits bevor sie schlauerweise zu den Haufen C und D wechselten, stellte Damásio emotionale Reaktionen fest, wenn sie die Hand zu den Karten der ungünstigen Haufen ausstreckten. Das lässt vermuten, dass es die emotionale Art ist, mit der wir auf die Karten reagieren, die unsere Entscheidungen leitet, sogar bevor wir das realisiert haben.

Gefühlsblindheit

Für ein erfolgreiches gesellschaftliches Leben ist es wichtig, dass wir die Perspektive von anderen Personen einnehmen, dass wir uns vorstellen, wir sind an deren Stelle. Psychologen nennen das „Theory of Mind", da es darum geht, Theorien über den Geist unserer Mitmenschen aufzustellen. Kinder und Erwachsene, die von Autismus (Griechisch: *autos* = Selbst) oder Asperger-Syndrom betroffen sind, fehlt diese Fähigkeit, was einige Experten zu der Bezeichnung „Gefühlsblindheit" verleitet hat.

Autismus zeigt sich bei Kindern auf manche Weisen. So folgt zum Beispiel ein 14 Monate altes Kleinkind dem Blick einer anderen Person, um zu sehen, worauf sie schaut. Ein Kind mit Autismus oder Asperger macht das viel seltener. Ein normales neunjähriges Kind erkennt, wenn ein sozialer Fauxpas passiert, wenn jemand etwas Peinliches getan hat oder jemanden aufgeregt oder beleidigt hat. Autistischen Kindern, auch Erwachsenen, oder solchen mit Asperger fällt es schwer, die gesellschaftliche Überschreitung nachzuvollziehen.

Die älteren Theorien über Autismus konzentrierten sich hauptsächlich auf soziale Defizite, modernere erkennen auch andere Facetten, etwa, dass viele Autisten ein tiefes Verständnis für Systeme haben: Syntax, Witterungsverläufe oder Kalender. Der Autismus-Experte Simon Baron-Cohen hat eine Theorie zum Verständnis dieser Mischung aus mangelndem Mitgefühl und überlegenem Systematisieren entwickelt. Er stellt die Behauptung auf, dass wir alle zwischen diesen Punkten hin- und herpendeln und, dass Autismus lediglich ein Extrem des normalen Kontinuums darstellt.

Autistischer Stolz

Vielleicht haben Sie schon einmal von autistischen Savants gehört – autistische Menschen, die ein seltenes und außergewöhnliches Talent besitzen, wie zum Beispiel das Zeichnen eines schwierigen, schönen Details oder das sofortige Errechnen, auf welchen Tag ein bestimmtes Datum fällt. Das Anerkennen latenter Fähigkeiten bei Autisten und Asperger-Betroffenen wächst zunehmend, nicht nur bei den Savants. Dabei wird argumentiert, dass das autistische Gehirn nicht krank ist, sondern nur anders. Fürsprecher glauben, es sei gesellschaftlich falsch, Autismus heilen zu wollen. Stattdessen sollten wir lieber die „neurale Vielfältigkeit" der Menschen feiern.

Berühmte Autisten

Es gibt Menschen, deren Erfolg und Expertise auf ihre außergewöhnlichen Fähigkeiten zurückzuführen sind, die sie durch Autismus oder Asperger erhalten haben. Beispiele dafür sind der talentierte britische Mathematiker Richard Borcherds, Gewinner der renommierten Fields Medal und die bekannte amerikanische Tierverhaltensforscherin Temple Grandin.

SIND SIE MITFÜHLER ODER SYSTEMATIKER?

1. Ich spreche lieber mit Menschen, als ihnen zu mailen. WAHR/FALSCH
2. Wenn ich Musik höre, versuche ich die Struktur zu erkennen. WAHR/FALSCH
3. Ich bin nicht gut darin, vorauszusehen, wie Menschen sich in einer Situation verhalten. WAHR/FALSCH
4. Wenn ich mir ein Handy kaufe, interessieren mich die Funktionen nicht. WAHR/FALSCH
5. Wenn sich jemand aufregt, steckt mich das häufig an. WAHR/FALSCH
6. Ich habe meine Kleidung streng nach Art sortiert. WAHR/FALSCH
7. Ich ertrage es nicht, dass Tiere leiden müssen. WAHR/FALSCH
8. Mir liegt nichts an Routine oder Plänen. WAHR/FALSCH
9. Mir wurde schon mehrmals gesagt, ich sei unsensibel, aber ich weiß nicht, warum. WAHR/FALSCH
10. Ich kann Bus- und Bahnpläne sofort lesen. WAHR/FALSCH
11. Normalerweise weiß ich, wie andere sich fühlen. WAHR/FALSCH
12. Ich kümmere mich nicht ums Kleingedruckte. WAHR/FALSCH

Die Aussagen basieren auf dem „Empathie-Quotienten" und dem „Systematisierungs-Quotienten", der im Forschungszentrum für Autismus in Cambridge, England, entwickelt wurde.

ERGEBNIS

Mitfühlen: Für jedes „Wahr" bei den Punkten 1, 5, 7 und 11 und für jedes „Falsch" bei 3 und 9 gibt es einen Punkt. Je mehr Punkte Sie haben, umso empathischer sind Sie.

Systematisieren: Für jedes „Wahr" bei den Punkten 2, 6 und 10 und für des „Falsch" bei 4, 8 und 12 gibt es einen Punkt. Je mehr Punkte, umso stärker neigen Sie zum Systematisieren.
Menschen mit Autismus oder Asperger erzielen normalerweise viele Punkte beim Systematisieren und wenig beim Mitfühlen. Es gibt sogar Geschlechtsunterschiede: Verglichen mit den Frauen erzielen Männer eine höhere Quote beim Systematisieren und eine niedrigere beim Mitfühlen. Das entspricht dem sehr viel häufigeren Auftreten von Autismus (4:1) und Asperger (9:1) bei Männern. Simon Baron-Cohen schließt daraus, dass Autismus das männliche Gehirn in extremer Form repräsentiert.

Übung 5

Das soziale Selbst

DAS PROBLEM:

Sie sollen als Hotelmanager für bessere Umweltleistungen Ihres Hotels sorgen. Eine der problematischsten Abteilungen ist die Wäscherei. Sie begeben sich nun auf die Mission, Ihre Gäste dazu zu ermutigen, die Handtücher mehrmals zu benutzen. Welche Nachricht können Sie in den Badezimmern anbringen, um die größte Wirkung zu erzielen?

DIE METHODE:

In den meisten Hotels finden sich in den Badezimmern Hinweise über das Engagement für unseren Planeten, verbunden mit der Bitte, die Handtücher mehrmals zu benutzen. Eine andere Strategie ist es, die verbrauchten Wasser- und Waschmittelmengen anzugeben, wahrscheinlich in der Hoffnung, dass die Hotelgäste über den Aufwand schockiert sind, der betrieben wird, um ihnen täglich frische Handtücher bereitzustellen.

Der übliche Hinweis in Hotelbadezimmern präsentiert gesellschaftliche Normen so dass man sie missachtet. Wenn man auf den großen Aufwand hinweist, den die Wäsche verursacht, schließen neue Gäste daraus, dass die anderen Gäste jeden Tag ihre Handtücher in die Wäsche geben, was sie dazu ermutigt, ebenfalls so zu handeln.

Es wurde viel Persuasionsforschung in die Erkenntnis gesteckt, dass man die Gäste besser darüber aufklärt, dass dieses Verhalten immer mehr nachlässt. Auf diese Art kommt den Gästen ihr Hauptargument für ihr eigenes Benehmen abhanden. Viele überkommt ein automatischer Herdentrieb, sie wollen sich so benehmen, wie es die meisten anderen tun.

Nehmen wir einmal den Alkoholkonsum der Universitätsstudenten. Die Forschung hat ergeben, dass eine Menge Studenten der Meinung sind, dass viele ihrer Kommilitonen exzessiv trinken. Als sie darüber informiert wurden, wie wenige wirklich zu viel trinken, hatte das einen größeren Effekt als die Plakate und

Anzeigen, die im Schock-Stil darauf hinwiesen, wie viele Studenten sich dem Komatrinken hingeben.

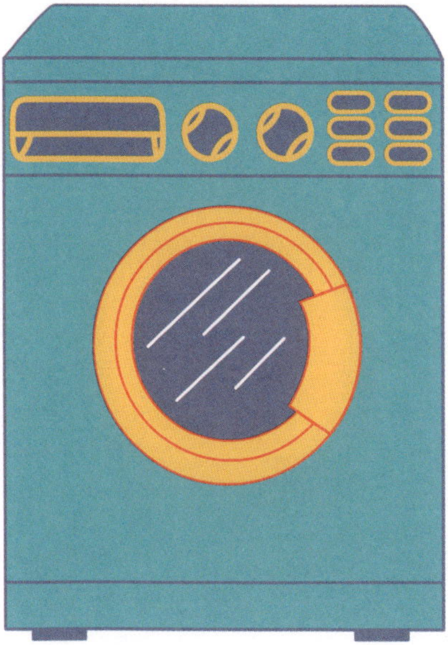

DIE LÖSUNG.
Der wirksamste Hinweis weckt also die Macht der gesellschaftlichen Normen. Schaffen Sie es, Ihren Gästen den Eindruck zu vermitteln, dass die meisten anderen Gäste ihre Handtücher öfter benutzen, ermutigen Sie sie, Gleiches zu tun.

Diese Vermutung wurde 2008 von Noah Goldstein von der University of Chicago Graduate School of Business getestet. In den Hotelbadezimmern in einem Hotel im Südwesten der USA wurden zwei Hinweise angebracht: einer war der Appell an die Gäste, die Umwelt zu schonen und die Handtücher mehrmals zu benutzen. Der andere bat die Gäste, sich den anderen Gästen anzuschließen und die Umwelt zu schonen. Er beinhaltete die entscheidende Information, dass fast 75 Prozent der Hotelgäste bereits ihre Handtücher mehrmals benutzten.

Von den Gästen, die den Hinweis auf die gesellschaftlichen Normen lasen, benutzten 44,1 Prozent ihre Handtücher mehrmals, dagegen nur 35,1 Prozent der Gäste mit der Standardnachricht. Noch wirksamer wurde der Hinweis, wenn die Info enthalten war, dass die meisten Gäste in gerade diesem Zimmer ihre Handtücher wiederholt verwendet haben. Zusätzlich sollte darauf hingewiesen werden, dass schon viele Gäste die Umwelt- und Energieprobleme angesprochen haben.

Kapitel 6

Persönlichkeit

Seit mehr als 100 Jahren streben Psychologen fasziniert danach, Menschen nach Typen zu kategorisieren, ausgehend von ihren Verhaltens- und emotionalen Eigenschaften. Wir sehen uns ihre Tests an und die daraus resultierende Übereinstimmung bezüglich der verschiedenen Persönlichkeitstypen. Außerdem: Warum sind einige Menschen großartige Anführer? Was geschieht, wenn die Persönlichkeit aus dem Ruder läuft?

Projektive Tests

Auf das Konzept Persönlichkeit beziehen wir uns alltäglich, aber richtig Zeit, darüber nachzudenken, nehmen wir uns kaum. Da wir alle einzigartig sind, warum sollten wir irgendetwas über Joe Bloggs Persönlichkeit sagen, außer, dass es, na ja, Joe Bloggs Persönlichkeit ist?

Andererseits gibt es Situationen, in denen wir wahrscheinlich alle gleich handeln: Wenn wir beispielsweise nach einer Zeit des Hungerns etwas zu essen bekommen, seufzen wir erleichtert und grunzen zufrieden. In dem Moment ist Joe Bloggs Persönlichkeit – so wie unsere – einfach nur menschlich. Beziehen wir uns in Gesprächen auf jemandes Persönlichkeit, bewegen wir uns zwischen zwei Extremen. Wir sagen etwas Interessantes über die beständigen Eigenschaften, in denen diese Person anderen ähnelt und sich gleichzeitig von ihnen unterscheidet. Mehr dazu gibt es auf den Seiten 116 und 117: Fünf große Persönlichkeitsfaktoren.

Wie man die Persönlichkeit misst

Das Problem bei der Befragung von Testpersonen zu sich selbst ist, dass sie wahrscheinlich sagen, wovon sie glauben, dass Sie es hören wollen. „Ja, ich bin fürsorglich." „Nein, ich werde nie eifersüchtig." Den Punkt der „sozialen Erwünschtheit", wie dieses Verhalten heißt, überwinden manche Psychologen durch projektive Tests, wie den berühmten Rorschach-Test und den Thematischen Auffassungstest (TAT). Der Gedanke hinter diesen Open-End-Tests ist, dass wir die unklaren Bilder mithilfe unserer Persönlichkeit deuten müssen, die wir dadurch ein Stück weit preisgeben.

An dieser Stelle muss darauf hingewiesen werden, dass diese projektiven Tests kontrovers betrachtet werden. Die Psychologie wendet die objektive wissenschaftliche Prüfung auf die menschliche Natur an. Die heutige Psychologie verlangt daher, dass Tests zuverlässig und gültig sein müssen. Zuverlässigkeit bezieht sich dabei darauf, dass bei wiederholten Testdurchläufen mit derselben Person ähnliche Ergebnisse vorliegen. Kontrollpersonen, die dieselben Tests durchlaufen, sollen ebenfalls ähnliche Ergebnisse erzielen. Gültigkeit steht dafür, dass der Test auch wirklich misst, was er messen soll.

Die Gegner von Rohrschach und TAT bemängeln, dass diese Kriterien nicht erfüllt werden. Sie behaupten, dass Testteilnehmer völlig unterschiedlich bei den Wiederholungen abschneiden werden und dass zwei Sachverständige die Antworten wahrscheinlich auf eigene Weise auslegen werden. Auch ist es nicht immer ganz deutlich, was die Tests tatsächlich messen, so dass ihnen auch die Validität fehlt. Dennoch benutzen viele Psychologen besonders in den USA diese Tests und würden diesen Bedenken widersprechen. Tatsächlich gibt es in Amerika sogar noch Experten vor Gericht, die diese Tests benutzen, zum Beispiel in Sorgerechtsverfahren.

Der Rorschach-Test
Entwickelt wurde der Test von dem Schweizer Psychiater Hermann Rorschach. Teilnehmer sehen sich zehn symmetrische Tintenkleckse an und beschreiben, was sie sehen. Die Antworten werden traditionell nach drei Faktoren bewertet: den Teilen der Flecke, auf die sie sich konzentrieren, der Gestalt, Form, Farbe und Bewegung, die wahrgenommen werden und dem Inhalt, den sie aus dem Bild herauslesen. Ein besonderer Schwerpunkt wird den menschlichen, tierischen oder anatomischen Formen zugesprochen. Das Bild zeigt einen von Rorschachs Original-Klecksen. Was sehen Sie darin?

Der thematische Auffassungstest
Der Harvard-Psychologe Henry Murray entwickelte diesen Test in den 1930er Jahren. Die Teilnehmer sehen sich einige mehrdeutige Strichzeichnungen von einem oder mehreren Menschen in verschiedenen Situationen an, beispielsweise eine Frau, die mit geschlossenen Augen im Bett liegt. Neben ihr steht ein Mann und bedeckt sein Gesicht mit seinem Arm. Es ist unklar, ob die Frau schläft, krank oder sogar tot ist. Der Mann könnte aufgewühlt oder erleichtert sein oder sich einfach dehnen. Die Aufgabe der Teilnehmer ist es, die Geschichte vor, während und nach der Szene zu erzählen, woraus der Psychologe Schlussfolgerungen ableitet. In dieser Szene könnte ein Mord Feindseligkeit gegenüber Frauen bedeuten, aber eine Geschichte über eine Beziehung, in der die Partnerin krank oder tot ist, würde Zuneigung und Respekt gegenüber Frauen ausdrücken. Im Internet können Sie unter dem Stichwort „thematischer Auffassungstest" einige der originalen TAT-Bilder finden.

Die fünf großen Persönlichkeitsfaktoren

Bei der Persönlichkeit geht es also um die festen Marker, durch die ein Mensch anderen ähnelt oder sich von ihnen unterscheidet. Wenn man überlegt, mit wie vielen Worten wir einander beschreiben können – lebhaft, schüchtern, rücksichtsvoll, leichtsinnig, bescheiden, stolz, arrogant, mutig und eine Menge weiterer Adjektive – dann wird schnell klar, welch unglaubliche Aufgabe es für die Psychologie war, wissenschaftlich die Essenz dessen zu erfassen, was einen Menschen ausmacht.

Bei der Erforschung der Persönlichkeit geht es nicht nur um Beschreibung sondern auch um Vorhersagen. Die Persönlichkeit eines Menschen kann sich auf eine weite Palette von Ereignissen auswirken, angefangen von der Wahrscheinlichkeit, ob die Ehe hält bis zu ihrer Dauer.

Die wichtigsten Faktoren

Philosophen und Psychologen haben Schlüsselfaktoren erarbeitet, mit denen sich die Persönlichkeit auf einfache, aber verständliche Weise einfangen lässt. Hans Eysenck zum Beispiel spricht sich für die Extistenz von zwei Dimensionen der Persönlichkeit aus: Extraversion / Intraversion und Neurotizismus / Stabilität. Später wurde seiner Theorie eine dritte Dimension hinzugefügt: Psychotizismus / Sozialisation. Raymond Cattell wiederum fand 16 Faktoren für die Persönlichkeit: Wärme, logisches Schlussfolgern, emotionale Stabilität, Dominanz, um nur ein paar zu nennen.

Nach langer Forschung und der Hilfe einer statistischen Technik, die Faktoranalyse heißt, haben sich die meisten Psychologen auf fünf Haupteigenschaften geeinigt, die der Persönlichkeit zugrunde liegen, bekannt als das Fünf-Faktoren-Modell (FFM). Um sie zu finden, wurde die Art, andere zu beschreiben, auf das Wesentliche reduziert. Als Beispiel dienen die Worte kreativ, einfallsreich und exzentrisch. Ist einer dieser 3 Marker besonders ausgeprägt, so zeigte sich, ist dies höchstwahrscheinlich auch bei den beiden anderen der Fall. Anders ausgedrückt: Diese drei Charakterzüge beschreiben die fundamentale Eigenschaft, die Psychologen Offenheit für neue Erfahrungen nennen. Die anderen Faktoren sind: Extraversion (kontaktfreudig gegenüber zurückhaltend), Neurotizismus (angstanfällig gegenüber stabil), Gewissenhaftigkeit (sorgfältig gegenüber rücksichtslos) und Verträglichkeit (vertrauensvoll gegenüber feindselig).

Wie wir bei den fünf Faktoren abschneiden, wird durch eine Mischung von Erbanlagen und frühen Lebenserfahrungen bestimmt. Daniel Nettle von der Universität Newcastle sagte einmal, dass das FFM als Kurzfassung dafür angesehen werden kann, wie ein Mensch tickt. Er vergleicht die Faktoren mit Thermostaten im Gehirn, die regeln, wie stark Menschen bei welchen

STELLEN SIE IHRE PERSÖNLICHKEIT FEST

Dieser Test samt Interpretation wurde durch den Newcastle Persönlichkeitstest inspiriert. Geben Sie sich bei den folgenden 12 Aussagen Punkte von 1 (bin ich überhaupt nicht) bis 5 (genau so bin ich).

1. Ich stelle die Ansprüche anderer über meine.
2. Mein Haus / mein Zimmer ist nicht ganz so ordentlich (Punkte umdrehen).
3. Ich bin oft traurig.
4. Ich plane alles.
5. Ich bin musikalisch, künstlerisch und/oder schreibe gerne.
6. Ich organisiere gerne Partys oder gehe gerne aus.
7. Ich fühle mit, wenn es anderen schlecht geht.
8. Ich denke häufig über den Sinn des Lebens nach.
9. Ich lerne gerne neue Menschen kennen.
10. Ich habe häufig Angst vor Situationen.
11. Ich interessiere mich für Worte.
12. Ich habe keine Bedenken, andere zu beleidigen (Punkte umdrehen).

Reizschwellen reagieren, mit Erregung oder Beklemmung, je nach Situation.

Wie stabil ist die Persönlichkeit?

Darüber sind sich die Psychologen nicht einig. Die Annahme, dass die Persönlichkeit unerschütterlich ist, wurde von Kritikern, die der Meinung sind, dass Situationen eine mächtige Rolle in unserem Verhalten spielen, „fundamentaler Attributionsfehler“ getauft. Beide Extreme können aufmunternd oder entmutigend wirken, je nachdem, wie sie interpretiert werden.

Der Gedanke, dass die Persönlichkeit stabil ist, tröstet uns durch die Vorstellung, dass wir uns selbst immer treu bleiben. Andererseits kann es sein, dass wir uns nicht sehr mögen, wie wir sind, und dass eine unveränderliche Persönlichkeit uns in unserer Lage festzimmert. Menschen, die von Veränderung träumen, ist die situationistische Idee lieber, die sagt, dass wir sein können, wie immer wir wollen – in den richtigen Umständen.

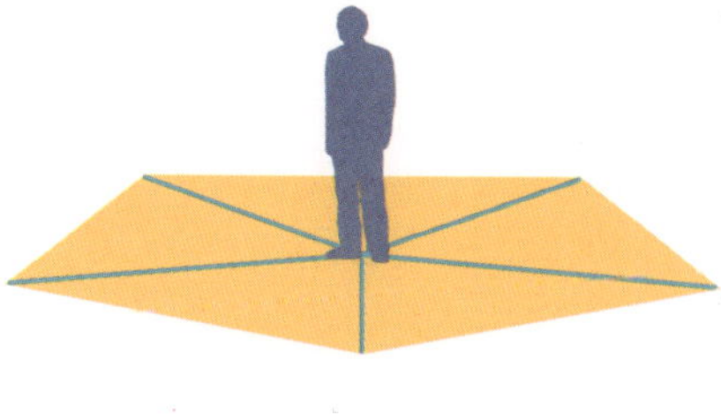

ERGEBNIS

Extraversion: Addieren Sie die Punkte für 9 und 6.
Neurotizismus: 3 und 10.
Gewissenhaftigkeit: 4 und 2.
Verträglichkeit: 1, 7 und 12.
Offenheit: 5, 8 und 11.
Passen Sie auf bei der Punktevergabe von 2 und 12.

Welcher Wert steht für was?
Für Extraversion, Neurotizismus und Gewissenhaftigkeit ist bis 4 ein niedriger Wert, 5 und 6 mittel, ab 7 hoch. Für Verträglichkeit ist 9 ein niedriger Wert für Männer, die mit 14 und 15 hoch punkten, dazwischen ist mittel. Bei Frauen ist 11 und weniger niedrig, 14 und 15 hoch, dazwischen mittel. Für Offenheit ist 8 oder weniger niedrig, ab 13 ist hoch, der Rest mittel.

Was macht einen Führer aus?

Die Geschichte kennt viele Führer, begeisternde wie Winston Churchill und Johanna von Orléans, aber auch fürchterliche wie Adolf Hitler und Pol Pot. Daher ist es naheliegend, dass frühe Theorien sich mit dem Typus Mensch beschäftigen, der einen mächtigen Führer ausmacht. Allerdings wurde die Theorie des „großen Mannes" wieder fallengelassen, da Psychologen festgestellt haben, dass es von der Situation und von der Gruppe, die zu führen ist, abhängt, wer ein guter Anführer ist.

Nach Stephen Reicher, Alexander Haslam und Michael Platow ist ein Führer dann erfolgreich, wenn ihre Anhänger glauben, dass er ihre Interessen vertritt. In einer kohärenten Gruppe haben die Mitglieder eine gemeinsame Identität und gemeinsame Ziele. Haben sie einen guten Führer, wird er die Identität schützen und versuchen, die Ziele zu erreichen. Das erfordert Dynamik und ein sehr erfolgreicher Führer wird nicht nur die Identität vertreten, sondern sie mitgestalten.

Diese Aspekte führen zu Vorhersagen, die durch die neueste Forschung unterstützt werden. So hat ein Experiment ergeben, dass Teammitglieder sich weniger Mühe gaben, wenn das Gehalt ihres Anführers auf das Dreifache ihres Einkommens angehoben wurde. Wahrscheinlich fällt es den Gefolgsleuten schwer, sich mit jemandem zu identifizieren, den sie nicht mehr im selben Boot sehen. Einige der neuzeitlichen Führer haben diese Lektion gelernt: Jassir Arafat mit seinem Palästinensertuch, George W. Bush in Jeans und Cowboyhut oder Gandhi in seiner bäuerlichen Kleidung. Sie alle sagten ihren Anhängern damit: „Ich bin genau wie du."

FÜNF ÜBERRASCHENDE TATSACHEN ÜBER FÜHRER

1. Das Erscheinungsbild ist wichtig, jedenfalls bei den führenden Managern in Amerika. Nicholas Rule und Nalini Ambady baten 100 Studenten, 50 Gesichter zu bewerten. Die Studenten wussten nicht, dass dies die Gesichter der erfolgreichsten und der erfolglosesten Unternehmer auf der Fortune 500-Website waren. Die Führer der profitabelsten Firmen wirkten kompetenter, dominanter und reifer als die Führer der weniger erfolgreichen Firmen. Man weiß noch nicht, ob die Art Unternehmen, für das ein Geschäftsführer arbeitet, ihn verändert, ob das Gesicht des Geschäftsführers die Geschäfte beeinflusst, ob erfolgreiche Unternehmen Geschäftsführer wählen, die anders aussehen als die von erfolgloseren.

2. Nicht immer ist es gut, einen starken Führer zu haben. Bei der Untersuchung einiger chinesischer Unternehmen fand man heraus, dass in Firmen mit einer ausgeprägten Kundenfreundlichkeit starke Führer kaum Verbesserungen im Kundenbereich durchführten, aber das interne Miteinander verschlechterten. Warum? Harry Hui vermutet, dass die starken Führer nicht in Einklang standen mit dem weiteren Serviceklima der Unternehmen. So könnte es zum Beispiel Standardprozeduren im Umgang mit Kunden gegeben haben, aber der starke Führer forderte Innovationen.

3. Die Art zu reden kann für einen bestimmten Führungsstil stehen. In einem Test sollten 54 Teilnehmer die Führungsqualitäten eines fiktiven Richards bewerten, indem sie eins von zwei Telefongesprächen anhörten. In einer Version ist Richard bestimmt und selbstbewusst, in der anderen äußerte er Zweifel und war unschlüssig. Einigen Teilnehmern wurde gesagt, dass Richard sich bei einer Firma vorstellte, der es wichtig war, dass die Angestellten eigenständig arbeiteten. Die erste Version von Richard schien den Teilnehmern dafür geeigneter. Die zweite Version schien sich als Führungskraft für ein Unternehmen, dass die Zusammenarbeit seiner Mitarbeiter förderte, zu empfehlen.

4. Erster! Studien haben ergeben, dass Erstgeborene weltweit als Führungskräfte überrepräsentiert sind. Rudy Andeweg und Steef van den Berg fanden heraus, dass Einzelkinder ebenso überrepräsentiert sind, so dass es anscheinend die ungeteilte Aufmerksamkeit der Eltern ist, die dafür sorgt.

5. Es kann nicht schaden, Haare zu haben. Seit Dwight D. Eisenhower gab es keinen kahlen US-Präsidenten. William Hague und Iain Duncan-Smith, beide obenherum blank, waren seit Austen Chamberlain in den frühen 1920ern die ersten beiden konservativen Führer, die aber nicht Premierminister von Großbritannien wurden.

Perfektionisten

Beschleicht Sie häufig das nagende Gefühl, Sie hätten etwas besser machen können? Kritisieren Sie sich ständig? Wenn ja, dann sind Sie vielleicht perfektionistisch veranlagt.

Perfektionismus ist ein zweischneidiges Schwert. In schwacher Ausprägung verbindet man damit herausragende Leistungen, in der extremen Form kann er zu geistigen Erkrankungen führen. Menschen, die extrem betroffen sind, tragen ein erhöhtes Risiko, an Angststörungen wie Zwangsverhalten oder Essstörungen zu erkranken oder sich umzubringen.

Ob sich der Perfektionismus zum Problem auswächst, hängt normalerweise von anderen Aspekten der Persönlichkeit ab. Sich selbst hohe Ziele zu stecken, ist ja nicht schädlich, und viele der Besten machen genau das, aber wird jemand nicht damit fertig, wenn er diese Standards nicht erreicht, kann ein Problem daraus werden.

Eine Studie der britischen Psychologen Rory und Daryl O'Connor ergab, dass perfektionistischen Studenten nur dann psychologischer Stress entstand, wenn sie ihren Problemen auswichen. Weder das Ausweichen noch der Perfektionismus als alleinige Faktoren waren problematisch.

Was sind Zwangsstörungen?

Eine geistige Erkrankung, die eng mit exzessivem Perfektionismus einhergeht, ist die Zwangsstörung. Betroffene haben quälend zwanghafte Gedanken, beispielsweise über Sauberkeit oder Sicherheit. Erleichterung verschafft ihnen nur die Ausübung von Zwangshandlungen. Das kann häufiges Waschen oder Kontrolle

SIND SIE MAXIMIERER ODER SATISFIZIERER?

Barry Schwartz vom Swarthmore College glaubt, dass der Typ „Maximierer“ besonders anfällig für Probleme ist. Maximierer sind entschlossen, immer die beste Wahl zu treffen – eine nicht zu erfüllende Aufgabe. Es gibt immer noch ein weiteres Geschäft, noch ein Restaurant, das ausprobiert werden muss. Satisfizierer kommen mit den Entscheidungen, die das moderne Leben abverlangt, besser zurecht. Der Satisfizierer ist glücklich mit dem Guten und fühlt keine Notwendigkeit, das Beste zu finden.

Der nachfolgende Test lehnt sich an Schwartz' Maximierungsskala an. Bewerten Sie sich bei den 8 Fragen von 1 Punkt (stimme ich überhaupt nicht zu) bis 7 (stimme ich vollständig zu):

1. Ich stelle mir vor, wie ein Leben wäre, das völlig anders als meins ist.
2. Ich kann diese „Die zehn besten...“-Listen in Magazinen und Fernsehshows nicht leiden.
3. Ich brauche lange beim Shoppen, weil ich dasselbe Produkt in mehreren Geschäften vergleiche.
4. Stellenangebote gucke ich mir selten an – ich bin zufrieden mit meinem Job.
5. Wenn ich eine Entscheidung treffen soll, bedenke ich gerne alle möglichen Optionen, auch wenn sie mir nicht zur Verfügung stehen.
6. E-Mails und Instant Messaging Texte schreib ich schnell runter, ohne groß auf Wortwahl zu achten.
7. Wenn ich etwas im Fernsehen schaue, frage ich mich oft, ob ich auf einem anderen Kanal etwas Besseres verpasse.
8. Als ich meinen Lebenspartner traf, wusste ich, er ist der richtige, auch glaube ich nicht, dass ich mich durch haufenweise Beziehungen kämpfen wollte, um den perfekten Partner zu finden.

ERGEBNIS

Ziehen Sie Ihre Punkte für 2, 4, 6 und 8 von den Punkten für 1, 3, 5 und 7 ab. Bleibt eine positive Summe übrig, dann sind Sie eher ein Maximierer, mit einer negativen Zahl können Sie sich zu den Satisfizierern zählen. Schwartz mahnt alle Maximierer zur Vorsicht, denn die Kombination aus ihrer Mentalität und den unzähligen Entscheidungen, die wir heutzutage treffen, kann zu Frustration und Unglücklichsein führen.

sein. Wenn dieser Zustand das alltägliche Leben beeinträchtigt, wird es ernst.

Im Gegensatz zu Spiel- oder Alkoholsüchtigen, die zumindest anfangs ihre Sucht genießen, leiden die Menschen mit Zwangsstörungen immer darunter.

Multiple Persönlichkeiten

Die Geschichte von Dr. Jekyll und Mr. Hyde ist weithin bekannt, aber kann man tatsächlich mehr als eine Persönlichkeit besitzen? Es kommt extrem selten vor, aber es gibt sie, die Menschen mit Alter Egos, früher bekannt als multiple Persönlichkeitsstörung, heute als Dissoziative Identitätsstörung (DIS).

Der wohl bekannteste Fall von DIS stammt aus den 1970ern: Sibyl, von der es hieß, sie habe 16 verschiedene Persönlichkeiten. Die Journalistin Flora Schreiber hat ihre Geschichte aufgeschrieben, 1976 folgte eine Mini-Serie, dann ein Film (2007). In den 50ern wurde der Fall Eve berühmt, die 22 Alter Egos ihr Eigen nannte. Auch ihr Leben wurde verfilmt.

Die Diagnose DIS ist äußerst kontrovers, vor allem, weil nicht eindeutig ist, wieviel von dem Verhalten Schauspielerei oder eine Reaktion auf Suggestion ist. Es wird auch nicht einfacher dadurch, dass Alter Egos häufig unter Hypnose gefunden wurden. Die Anzahl der Berichte über Betroffene schwankt dramatisch nach Bekanntheit des Zustands. In den 80ern und 90ern gab es eine wahre Epidemie von DIS-Fällen.

Die Diagnose

Heute betrachtet man DIS als Anhäufung verschiedener psychiatrischer Zustände, dabei sind Entpersönlichung (das Gefühl, nicht länger real zu sein), dissoziative Fugue (man vergisst, wer man ist und das bisherige Leben) und dissoziative Amnesie (man vergisst bestimmte Erlebnisse). Die Diagnose ist nur möglich, wenn jedwede organische Ursache auszuschließen ist (Hirnverletzung oder Krankheit). Die moderne Psychiatrie hat sich von der Vorstellung multipler Persönlichkeiten gelöst und konzentriert sich mehr auf augenscheinlichen Zusammenbruch des Bewusstseins und der Erinnerung, die es bei allen Patienten gibt.

Eine populäre Theorie gibt als Ursache für multiple Persönlichkeiten und andere Formen der Dissoziation extreme und dauernde Traumata, besonders in der Kindheit, an. Intuitiv macht das Sinn. Zum Beispiel gibt es Patienten, bei denen nur eine Persönlichkeit Zugriff auf die Erinnerungen an das traumatische Ereignis in der Kindheit hat, die anderen Persönlichkeiten werden vor dem Schmerz der Erinnerung geschützt. Diese Berichte beruhen jedoch alle auf der Selbstauskunft der Patienten, und da gibt es das Problem mit der Beeinflussbarkeit innerhalb der Therapien.

Sicherlich kann es in vereinzelten Fällen zu einer Art Persönlichkeitsspaltung kommen, die wahrscheinlich durch ein Trauma hervorgerufen wurde. John Kihlstrom, Experte für dissoziative Störungen an der University of California folgerte nach einer umfassenden Überprüfung 2005: „Diese Störungen mögen komplex sein, aber sie verdienen es, mit Unvoreingenommenheit untersucht zu werden, ohne die Leichtgläubigkeit des Enthusiasten oder das

Abtun des entschlossenen Gegners.“ Bis heute gibt es kaum experimentelle Studien mit angeblich multiplen Persönlichkeiten. Interessant wäre, wie sie bei den etablierten Persönlichkeitstests abschneiden.

EIN GEDANKENEXPERIMENT: EINE RECHTLICHE FRAGE

Dissoziative Störungen werfen Probleme bei der Beurteilung der Verhandlungsfähigkeit auf. Wenn ein Verdächtiger mit der Diagnose DIS angibt, dass nicht seine dominante Persönlichkeit das Verbrechen begangen hat, sondern eine der anderen? Soll die ganze Person zur Verantwortung gezogen werden? Oder was ist, wenn ein Angeklagter im Fugue-Zustand vergessen hat, wer er ist. Sollten verurteilte Verbrecher als schuldfähig gelten, auch wenn sie sich an die Tat nicht erinnern? Nicht nur, dass diese Fragen schwer zu beantworten sind, es kommt auch der Verdacht des Simulierens hinzu. So geschehen bei dem realen Fall des „Hillside Stranglers“ Kenneth Bianchi, der zusammen mit seinem Cousin für die Ermordung einiger Frauen 1970 in Los Angeles verurteilt wurde. Bianchi behauptete, mehrere Persönlichkeiten zu besitzen und dass eines seiner Alter Egos die Taten begangen hätte, aber der Gerichtspsychologe attestierte ihm, zu simulieren und er bekam lebenslänglich.

Gestörte Persönlichkeiten

Menschen mit Persönlichkeitsstörungen haben extreme Charaktereigenschaften, die ihnen das Leben schwer machen, so dass sie und häufig ihnen nahestehende Personen leiden.

Die Bibel der psychiatrischen Diagnostik, *The Diagnostic and Statistical Manual*, IV listet unter Persönlichkeitsstörung zehn Formen auf: paranoid (bekannt als seltsam, exzentrisch), schizoid, schizotypisch, Borderline, histrionisch, antisozial, narzisstisch (dramatisch), selbstunsicher, dependente und zwanghaft.

Über die Persönlichkeitsstörungen allgemein gibt es keinen Konsens. Kritiker fragen, wie es sein kann, Störungen zu benennen, wenn selbst Fachleute nicht mit Bestimmtheit sagen können, was Persönlichkeit genau ist oder wie sie zu messen ist. Auch wird vermutet, dass viel Subjektivität im Spiel sei.

Da ist was dran. Stellen Sie sich einen Hollywoodschauspieler vor, der in einem englischen Dörfchen landet. Bestimmt würden die Bewohner ihn als histrionisch (theatralisch) und narzisstisch empfinden. Und der Wall-Street-Händler würde in einem Amsterdamer Café ungemütlich angespannt wirken. Zusätzlich wird das Konzept der Persönlichkeitsstörung durch die Tatsache torpediert, dass eine Person sehr häufig den diagnostischen Kriterien für mehrere Formen entspricht.

Trotz dieser Kontroverse ist man sich in der Psychologie weitgehend einig, dass es Persönlichkeitsstörungen gibt. Zweifellos gibt es Menschen, die ständig mit dem Leben kämpfen, mindestens teilweise aufgrund ihrer beherrschenden Persönlichkeitsmerkmale. Erkennen diese Menschen, dass ihre Persönlichkeit gestört ist, kann das der erste wichtige Schritt zur Hilfe sein. Denn entgegen der landläufigen Meinung weisen Fachleute heute explizit darauf hin, dass Persönlichkeitsstörungen behandelbar sind.

Sind viele Menschen betroffen?

Die British Psychological Society behauptet in einem kürzlich erschienenen Bericht, dass ungefähr 10 Prozent der Bevölkerung Persönlichkeitsstörungen aufweisen. Am häufigsten wurden sie außer bei ambulanten und stationären psychiatrischen Patienten bei Gefängnisinsassen festgestellt – mit einer Quote von bis zu 70 Prozent.

Woher kommt das?

Einige Aspekte unserer Persönlichkeit sind genetisch geprägt, aber auch unser Aufwachsen und dauerhafte Lebensumstände und Erfahrungen formen uns. Die Forschung hat ergeben, dass körperlicher und sexueller Missbrauch im Kindesalter Menschen anfällig für Persönlichkeitsstörungen machten, genau wie elterliche Alkoholsucht oder fehlende Betreuung und Disziplinierung der Kinder.

Wie erkennt man jemanden mit Persönlichkeitsstörung?

Über Persönlichkeitsstörungen zu lesen, ist eine Sache, aber wie ist denn nun jemand, der betroffen ist? Vielleicht helfen diese erdachten Beispiele, das zu verstehen.

Sally (selbstunsicher – vermeidende Persönlichkeit) war trotz ihrer Schüchternheit und Intraversion auf dem Weg, eine erfolgreiche akademische Laufbahn hinzulegen. Jedoch gab sie ihren Forschungsjob auf, weil sie sich bei Besprechungen unwohl fühlte oder wenn sie Präsentationen vortrug. Bald blieb sie freitagabends zu Hause und ging nicht mehr wie bisher mit ihrem Mann in den Pub. Obwohl sich Sally erst gut fühlte, ging sie später zum Arzt, weil ihre Schüchternheit sie belastete. Sie wurde an ein Expertenteam zwecks weiterer Untersuchung und Hilfe überwiesen.

Christopher (dissoziale Persönlichkeit) wurde zum ersten Mal kriminell auffällig, als er mit 13 ein Auto stahl. Seine Teenagerjahre verbrachte er immer wieder in Obhut, er prügelte sich und wurde bei Vandalismus und Diebstahl erwischt. Später wurde er nach einer brutalen Attacke auf eine Politesse verurteilt. Das Gefängnispersonal sagt, er zeige keinerlei Reue und dominiere jede Gruppentherapiesitzung.

Diese Beispiele beschreiben nicht nur Typen von Persönlichkeitsstörungen, sondern zeigen auch, warum das Konzept umstritten ist. Braucht Sally wirklich eine Therapie oder ist sie einfach nur schüchtern? Hat Christopher eine Persönlichkeitsstörung oder ist er einfach nur ein „mieser Typ“?

VERRÜCKT ODER BÖSE?

Nicht nur die dissoziative Identitätsstörung (s. Seiten 122–123), jede Zwangsstörung stellt eine Zwickmühle für das Rechtssystem dar. Einfach ausgedrückt: Wenn jemand mit einer gestörten Persönlichkeit ein Verbrechen begeht, ist er dann verrückt oder böse?

Die Frage kam in Großbritannien im Jahr 2005 mit dem Fall des 19-jährigen Brian Blackwell auf, der seine Eltern brutal ermordete. Blackwell lebte das Leben eines Fantasten, der es geschafft hatte, seine Freundin davon zu überzeugen, er sei ein Profi-Tennisspieler. Nach seiner Verhaftung wurde ihm die Diagnose narzisstische Persönlichkeitsstörung erstellt, woraufhin er aufgrund verminderter Zurechnungsfähigkeit auf unschuldig plädierte. Aber erklärt die Diagnose die Handlung von Blackwell oder ist sie nur eine Beschreibung?

Die Presse berichtete damals jedenfalls, als ob Blackwells Diagnose alles erklären würde. *The Telegraph* schrieb, dass „Blackwell durch die Krankheit besessen war von Fantasien über unendliche Erfolge, Macht und Bravour.“ Bei der BBC hieß es, Blackwells Zustand „ließ ihn glauben, er sei grenzenlos erfolgreich in allen Bereichen seines Lebens. Er war ein Sklave seiner Vorstellungen über sich als brillanter und unberührbarer Mensch.“

Profil

Sigmund Freud

Sigmund Freud, der Großvater der Psychoanalyse, begann als nüchterner Wissenschaftler und Arzt. Er schloss sein Medizinstudium in Wien 1881 ab, anschließend erforschte er die Fortpflanzungsorgane von Aalen. Sein erster wissenschaftlicher Aufsatz handelt davon.

Außerdem veröffentlichte Freud frühe Werke über Aphasie (Sprachverlust nach Hirnverletzung) und schrieb einen bahnbrechenden Aufsatz über die psychologischen Eigenschaften von Kokain, der weitgehend auf Eigenexperimenten beruht. Aber erst als er unter dem gefeierten Neurologen Jean-Martin Charcot am weltberühmten Salpêtrière Hospital in Paris arbeitete, begann seine Metamorphose zum Psychologen und Therapeuten.

In Paris lernte Freud Patienten mit diagnostizierter Hysterie kennen, also die Manifestation von vordergründig physischen Symptomen ohne jede erkennbare organische Ursache. Freud begann, eine umfassende Theorie über den Geist zu entwickeln. Bahnbrechende Publikationen folgten, unter ihnen Traumdeutung und Jenseits des Lustprinzips. Dank Freud war die Psychoanalyse geboren. Heute spürt man seinen Einfluss über die Psychologie hinaus in der Literatur, Malerei und Anthropologie. Freud verbrachte seinen Lebensabend in London, wohin er vor den Nazis aus Österreich geflohen war.

Freuds Widerhall in moderner Neurowissenschaft

Häufig wird Freuds Werk als präwissenschaftlich abgetan, da es sich weitgehend um Einzelfallbeobachtungen handelt und nicht um das wiederholte, kontrollierte Testen der Teilnehmer, wie in der modernen Psychologie. Auch seine Auffassung der Dreiteilung der Psyche in Ich, Es und Über-Ich wird als überholt angesehen, als nichts als oberflächliche Verdinglichung. Andere behaupten, Freud wäre heute der Erste, der nach biologischen Grundlagen für seine psychologischen Überlegungen gesucht hätte. Nur standen ihm damals nicht die technischen Mittel zur Verfügung. Viele Psychologen finden ein Echo von Freud in den neueren psychologischen Erkenntnissen.

Anosognosie

Freud nahm an, dass wir Schutzmechanismen haben, die uns vor unannehmbaren oder unerträglichen Wahrheiten schützen. Moderne Neurologen haben bei vielen neurologischen Patienten einen Zustand festgestellt, der Anosognosie heißt und der solchen Schutzmechanismen verblüffend ähnelt. Patienten, deren rechte Parietalgegend ihres Hirns beschädigt war, nahmen ihre Beeinträchtigung nicht zur Kenntnis. So hat eine Frau, deren Arm gelähmt war, vehement verleugnet, dass irgendetwas mit ihm nicht stimmt und fand sogar glaubhafte Entschuldigungen dafür, dass sie ihn nicht benutzte.

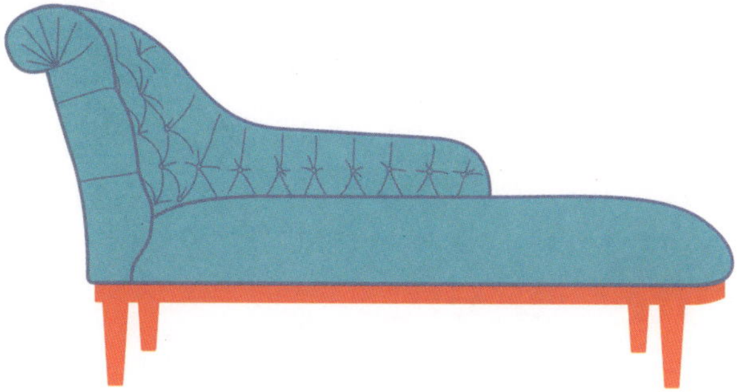

Träume als Wunscherfüllung

Freud behauptete, dass das Es durch das Abschalten von Ich und Über-Ich im Schlaf freier ist. Die Manifestation davon sind Träume, in denen wir unsere wahren Wünsche hemmungslos zeigen. Die frühe Neurowissenschaft widerlegte diesen Gedanken mit der Erkenntnis, dass Träume in der Rapid Eye Movement-Phase des Schlafes entstehen, die wiederum durch den Hirnstamm ausgelöst wird und nicht durch Regionen, die für Motivation zuständig sind. Neuere Forschungen haben gezeigt, dass das Träumen doch nicht an den REM-Schlaf gebunden ist und dass Motivations-Areale des Hirns sehr wohl bei unseren nächtlichen Abenteuern mitmischen.

Versteckte Motive

Freud glaubte, dass ein Großteil unseres geistigen Lebens sich jenseits der Bewusstseinsebene abspielt, dass unsere Motive durch unbewusste Sehnsüchte gesteuert werden. Damit einhergehend, hat die moderne Sozialpsychologie eine Flut von Faktoren aufgedeckt, die uns unbewusst beeinflussen. Zum Beispiel zeigt eine Studie von Aaron Kay, dass Teilnehmer, die an einem Tisch saßen, auf dem ein Aktenkoffer lag, ein Finanzspiel egoistischer und siegorientierter spielten als Teilnehmer, auf deren Tisch ein Rucksack lag. Als sie später zu ihrem Spielstil befragt wurden, erwähnte keiner von ihnen Aspekte der physischen Umgebung.

Verdrängung

Teil unseres Verteidigungsmechanismus', glaubte Freud, ist die aktive Verdrängung unangenehmer Erinnerungen. Moderne Forscher haben bewiesen, dass es möglich ist, absichtlich Ereignisse zu vergessen, die auch zu einem späteren Zeitpunkt nicht ohne Weiteres abrufbar sind. Michael Anderson konfrontierte Testteilnehmer mit Wortpaaren, die zusammenhanglos waren (wie Prüfung/Kakerlake). Später wurde ihnen das jeweils erste Wort gesagt und sie sollten sich entweder an das zweite Wort erinnern oder nicht daran denken. Zwei Dinge geschahen: Es zeigte sich zum einen eine einzigartige Hirnaktivität beim Verdrängen. Zum anderen konnten sich die Teilnehmer an die unterdrückten Worte später schwerer erinnern.

Übung 6

Persönlichkeit

DAS PROBLEM:

Susan und James wollen das freie Zimmer in ihrer WG vermieten. Leider haben sie zu viele Horrorfilme gesehen und vertrauen keinem Fremden. Sie wollen psychologisch vorgehen und herausfinden, ob der mögliche neue Mitbewohner ein Spinner ist. Sie beschließen, einen Persönlichkeitstest durchzuführen. Wie stellen sie fest, ob sich die Bewerber durch den Test mogeln?

DIE METHODE:

Wie erwähnt, denken viele Psychologen, dass Persönlichkeit fünf Faktoren hat: Extraversion, Neurotizismus, Offenheit für Erfahrungen, Gewissenhaftigkeit und Verträglichkeit. Susan und James sind sich bei den wichtigsten Eigenschaften des Mitbewohners einig: Freundlich und sauber soll er sein, also muss der Bewerber viele Punkte bei Gewissenhaftigkeit und Verträglichkeit erzielen.

Nachdem sie einiges darüber gelesen haben, erstellen sie einen Fragebogen, der diese Eigenschaften herausstellen kann (s. Seite 117 als Beispiel). Dabei sollen Bewerber angeben, in welcher Weise die Aussagen auf sie zutreffen. Susan fällt bald auf, dass jeder schnell hinter das System steigen kann und die Querschläger ihre Antworten dementsprechend anpassen könnten.

Und genau das ist ein großes Problem bei den Persönlichkeitstests. Jeder möchte sich gerne als sozial wünschenswert präsentieren. Das trifft besonders auf Auswahlverfahren zu. In einer Studie wurden die durchschnittlichen Persönlichkeitsmerkmale von Jobbewerbern mit denen, die sich nicht bewarben, verglichen. Dabei punkteten die Bewerber in allen Punkten höher, die dafür geeignet waren, einen guten Eindruck zu machen. Sie waren offener, kontaktfreudiger, pflichtbewusster und emotional stabiler.

Das zeigt, wie leicht Persönlichkeitstests zu manipulieren sind, damit man selbst gut dasteht. Ein Freund rät Susan und James, einen Tintenklecks – oder anderen projektiven Test anzuwenden, den man schwieriger verfälschen kann. Die Bewerber sollen also sagen, was sie in den Klecksen erkennen (siehe Seite 115). Aber so ein Test würde schwierig zu interpretieren sein. Sie möchten den Bewerbern gerade heraus Fragen stellen, allerdings nicht so, dass sie leicht schummeln können.

DIE LÖSUNG:

Statt Persönlichkeitsaussagen aufzulisten und die Bewerber darauf antworten zu lassen, sollten Susan und James die wünschenswerten Eigenschaften herausstellen. Sie wollen einen sauberen, freundlichen Mitbewohner. Sie könnten Aussagen wie (a) „Ich mag Hausarbeit“ (ein Zeichen für Gewissenhaftigkeit) gegen Aussagen wie (b) stellen „Ich bin neuen Dingen gegenüber aufgeschlossen“ (steht für große Offenheit für Erfahrungen).

Die Bewerber könnten wählen, wodurch sie besser beschrieben werden (a) oder (b). Auch wenn beide wünschenswert sind, müssen sie sich für eine Antwort entscheiden.

Die Psychologen Jacob Hirsh und Jordan Peterson probierten 2008 einen Test dieser Art aus und fanden, er sei viel schwerer zu fälschen. Der Standardtest stand nicht länger in Beziehung zu realen Ergebnissen, wie etwa Schulprüfungen. Der moderne Test endete allerdings in Ergebnissen, auch wenn die Teilnehmer versuchten, zu schummeln. Vielleicht finden Susan und James doch noch ihren Wunsch-Mitbewohner. Moment mal, wie gut kennen sich die beiden eigentlich? Susan denkt gerade darüber nach, warum James so besessen von Horrorfilmen ist.

Kapitel 7

Stress und Angst

Die durch Adrenalin entfachte Angst oder Panik kann uns das Leben retten. Bei Menschen mit Angst- oder Panikstörungen wird dieser Prozess unangebracht ausgelöst – wir sind beim Thema dieses Kapitels. Ein überstandenes lebensbedrohliches Erlebnis kann tiefe psychologische Narben hinterlassen. Wir kennen dies unter der Bezeichnung posttraumatische Belastungsstörung.

Umgang mit Veränderungen

Viele der natürlichsten menschlichen Erfahrungen verlangen Veränderung. Veränderung ist untrennbar mit dem Verlauf der Zeit verbunden. Schwer fällt im Allgemeinen das Anpassen an Veränderungen und das ist häufigster Auslöser von Stress und Angst.

Forscher haben herausgefunden, dass Routinehandlungen auf bestimmte Weise in unseren Gehirnen codiert werden. Bereits einfache Dinge wie ein veränderter Arbeitsweg oder mit der anderen Hand zu schreiben oder nach dem Möbelrücken in einem umgeräumten Zimmer zu sein, stimuliert das Gehirn positiv.

Wir scheinen auf unsere Routinen programmiert zu sein, wodurch eine Bindung zu Dingen entsteht, die uns eigentlich nicht interessieren. Wir sind traurig darüber, dass die alte Tankstelle am Stadtrand abgerissen wird, auch wenn wir dort nicht getankt haben und sie als Schandfleck betrachtet haben. Zwischen uns und den gewohnten Dingen, die wir sehen, ausführen und kennen, besteht eine Bindung.

Auch wenn eine Veränderung eine Verbesserung verspricht, haftet ihr immer auch eine Angstreaktion an.

WIE GEHEN SIE MIT VERÄNDERUNGEN UM?

Welche Aussage trifft am ehesten auf Sie zu?

(a) Wenn ich immer dasselbe mache, langweile ich mich. Ich finde es gut, neue Jobs anzufangen oder neue berufliche Wege zu gehen. Ich bin ständig auf der Suche nach neuen Kicks, neuem Essen, neuen Hobbys. Neue Erfahrungen tun mir gut. Ich finde überall neue Freunde. Mir gefällt es, in unterschiedlichen Kulturen zu leben und ich betrachte mich selbst als Reise-Junkie.

(b) Ich lebe schon lange am selben Ort und pflege meine tiefen Wurzeln und das Gemeinschaftsgefühl. Ich möchte im Voraus wissen, was geschieht. Routine und Stabilität geben mir ein gutes Gefühl. Meine Jobs behalte ich sehr lange. Die Freunde, die ich am häufigsten sehe, sind die, die ich schon lange kenne.

ANTWORTEN

Personen der ersten Kategorie genießen Veränderungen und fühlen sich eingeengt ohne sie. Damit scheinen sie sich in ihrer Komfortzone zu bewegen. Die ständigen Veränderungen selbst können bereits ihre Routine darstellen.

Etwas Unbekanntes erwartet uns. Je älter wir werden, umso gefahrvoller und beängstigender erscheinen Veränderungen.

Anpassung an Veränderungen

Sucht man den Frieden äußerlich und nicht innerlich, kann auch das dazu führen, sich nur schwer an Veränderungen anzupassen. Wenn wir unglücklich sind, sehen wir uns häufig unser Leben an, um zu schauen, woran das liegt oder was nicht in Ordnung ist. Vielleicht verändern wir äußerlich etwas und kümmern uns nicht um unser Innenleben, um nachzusehen, ob wir die unbefriedigende Situation erst geschaffen haben. Dann kann es sein, dass wir in der neuen Situation dieselben Schwierigkeiten oder Angewohnheiten haben und wieder enttäuscht und gestresst sind.

Auch andere Denkprozesse können dazu führen, dass wir uns schwer an Neues anpassen. Dazu gehört auch der Filter, durch den unsere Erinnerungen laufen, so weit, dass unsere Wahrnehmung der Realität verzerrt ist.

Wir sind nicht in der Lage, ein Merkmal einer Erfahrung allein für sich zu bewerten. Unwillentlich verbinden wir mehrere Merkmale. Manchmal verlinken wir auch verwandte Merkmale mit dem, was wir zu wissen glauben und verzerren damit unsere Wahrnehmung der Erinnerung. So können Erinnerungen verschiedener Kategorien überzogen sein und die derselben Kategorie verharmlost.

Ein tatsächlich kleiner Unterschied wird dann als riesig empfunden. Die Auswirkung ist eine erhöhte Anpassungsschwierigkeit an Veränderung, da diese als enorm empfunden wird, obwohl sie nur gering ist.

Ihre Kontrollüberzeugung

IHRE KONTROLLÜBERZEUGUNG

Kreuzen Sie die Kästchen zu den Aussagen an, die auf Sie zutreffen:

1. Ich glaube, so, wie die Dinge geschehen, ist es richtig. ☐
2. Manchmal kann ich nicht froh sein, egal, wie sehr ich mich bemühe. Ich schaffe es nicht. ☐
3. Es ist nicht wichtig, was du weißt, sondern wen du kennst. ☐
4. Es gibt geborene Gewinner. Andere sind unter schlechten Vorzeichen geboren. ☐
5. Ich denke häufig, dass ich nicht vorankomme oder wahrgenommen werde, obwohl ich so hart arbeite, wie ich nur kann. ☐
6. Wenn ich mich unglücklich oder verfahren fühle, kann ich diesen Zustand ändern. ☐
7. Ich arbeite hart für meinen Erfolg und bekomme normalerweise, was ich will. ☐
8. Wenn etwas nicht so läuft wie geplant, versuche ich auf anderen Wegen, mein Ziel zu erreichen. ☐
9. Leute, die sich abrackern, sind oft schwach oder faul. ☐
10. Ich bin in der Lage, mit Menschen umzugehen, im Allgemeinen verstehen mich die anderen. ☐

PUNKTEVERGABE

Geben Sie sich für jedes Kreuz in Kästchen 1–5 einen Punkt. Für jedes Kreuz in 6–10 ziehen Sie einen Punkt ab.

Ein Ergebnis nahe –5 zeigt, dass Sie eine hohe innere Kontrollüberzeugung haben. Menschen wie Sie übernehmen die Verantwortung für ihr Handeln und glauben, sie haben alles im Griff, bewegen etwas. Wer sich Erfolg auf die Fahne geschrieben hat, ist eher motiviert, diszipliniert und ausdauernd, mit einer größeren Neigung zum Planen und Ausführen bestimmter Projekte. Solche Menschen sind seltener von Depressionen und Angstzuständen betroffen.

Ergebnisse nahe + 5 spiegeln eine externe Kontollüberzeugung wider. Sie mögen denken, dass das Leben an sich eine große Kraft darstellt und sie lediglich ein Teil des Puzzles sind. Solche Personen fühlen sich häufig als Spielball der äußeren Umstände und glauben nicht, dass sie aus eigenem Antrieb etwas ändern können. Sie neigen eher zu Selbstzweifel, niedrigem Selbstwertgefühl und Ängsten bezüglich an sie gestellten Erwartungen, erlernter Hilflosigkeit (s. Seite 81) und anderer depressiver Anwandlungen. Menschen wie sie kommen allerdings besser mit Unausweichlichkeiten wie einer tödlichen Krankheit oder Naturkatastrophen zurecht.

Mit einem Kontrollfreak ausgehen

Die „Kontrollüberzeugung", ein Konzept von Julian Rotter aus dem Jahr 1954, ist eine der kompliziertesten, jedoch wichtigen Facetten einer gesunden Beziehung. Jemand mit innerer Kontrollüberzeugung wird naturgemäß die Führung übernehmen. Diese Menschen neigen dazu, kompetent, zielgerichtet und willensstark zu sein. Wohingegen eine Person mit äußerer Kontrollüberzeugung flexibler, entspannter ist und sich gerne mal treiben lässt.

Es überrascht nicht, dass sich diese Personen häufig voneinander angezogen fühlen. Die Person mit äußerer Kontrollüberzeugung kann der anderen dabei helfen, sich zu entspannen und auch einmal Fünfe gerade sein zu lassen, während sie gleichzeitig die Macher-Attitüde des anderen bewundert. Diese Dynamik kann allerdings leicht aus der Balance geraten.

Der flexible Partner mit der äußeren Kontrollüberzeugung kann sich leicht an den anderen anpassen und so unwillentlich einen gefährlichen Schritt machen. Denn in anderen Bereichen sind sie unterschiedlich. Da der „Interne" die Dinge immer nur auf seine Art angeht, weil das die einzige ist, die er kennt, wird er häufig Alternativen weder anerkennen noch mögen und es vielleicht einfach ablehnen, jemandem zu „folgen". In dem Fall besteht die Gefahr, dass er wie eine Dampfwalze über den flexiblen Partner hinwegrollt und häufig nicht wahrnimmt, welche Probleme er damit heraufbeschwört.

BLEIBEN SIE INDIVIDUALIST

Ist Ihr Partner wütend darüber, wenn Sie das Badezimmer nicht geputzt haben, und findet er, Sie haben es nicht „richtig gemacht", wenn Sie es doch geputzt haben? Er will zwar, dass Sie es erledigen, aber auf seine Weise.

Ein anderes Beispiel: Ein Paar sucht Konzertkarten fürs Wochenende. Er liebt die Oper, sie klassischen Rock. Es ist schon lange her, dass sie zu einem Rock-Konzert gegangen sind, auch hört sie zu Hause kaum etwas von der Musik, da ständig Opern laufen. Aber es ist nicht so schlimm, denn schließlich mag sie die Oper auch. Und Rock mag sie gar nicht mehr so gern wie früher. Oder?

Natürlich lassen sich Veränderungen nicht vermeiden, aber warum verzichten wir mit Leichtigkeit auf unsere Individualität? Zu den wichtigsten Zutaten für eine glückliche Beziehung gehört es, sich aktiv Platz für sich und seine individuellen Bedürfnisse zu verschaffen, und die Richtlinie aufzustellen: „Du bleibst du und ich bleibe ich". Schließlich gab es auch Zeiten, in denen sich die Partner gar nicht gekannt haben.

Angst

Ein erfahrener Kletterer hing gerade an einem Fels, als er merkte, dass dieser nachgab. Er stürzte rückwärts dem Boden entgegen, ein großer Felsblock fiel in kürzestem Abstand hinter ihm her.

Sicher würde er von dem schweren Felsstück zerquetscht werden, wenn der auf ihn fiele. Mit einem fast übernatürlichen Kraftaufwand fing der Mann den Brocken und stieß ihn von sich fort. Er war verletzt, aber lebendig.

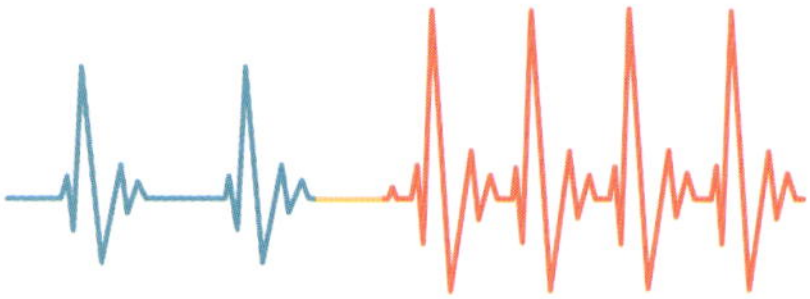

Kämpfen oder fliehen

Unser Flucht-Kampf-Mechanismus wird durch das neurochemische Hormon Adrenalin gesteuert. Löst etwas in unserer Umgebung diese Reaktion aus, folgen weitere psycho-physiologische Reaktionen auf die drohende Gefahr, wie zum Beispiel vergrößerte Pupillen, damit mehr Informationen aufgenommen werden, das Herz schlägt schneller, damit Sauerstoff ins Gehirn und in die Muskeln gepumpt und mehr Glykogen in Glykose umgewandelt wird, um schnell kontrahierende Muskeln und wichtige Organe mit mehr Energie zu versorgen.

Das Wesen der Angst bereitet den Weg dafür, dass wir vor einer möglichen Gefahr wegrennen oder uns einem Kampf stellen. Im Alltag sehen wir Stress und Angst als ungesund und unwillkommen an, tatsächlich aber sind beide natürliche Zustände und häufig gute Richtlinien für Entscheidungen.

In unserer Gesellschaft teilen wir Gefühle und Erfahrungen gerne in „gut“ und „schlecht“ ein und wollen einer Situation, in der wir uns nicht wohl fühlen, schnellstmöglich entfliehen. Haben wir kein gutes Gefühl, konzentrieren wir uns auf Verbesserung der Lage, was häufig zu einem Kampf gegen unsere Gefühle führt. Angst und andere unangenehme Gefühle, wie Wut oder Schmerz, sind natürliche Bausteine der menschlichen Erfahrung. Sie sind ebenso wichtig wie berechtigt. Die Bewertung „gut“ oder „schlecht“ hängt nur von unserer Entscheidung ab, was wir mit diesen Gefühlen anstellen.

Der Umgang mit Stress

Hören Stress und Anspannung nicht auf, sind sie eher eine Warnung dafür, dass in unserem Leben etwas dramatisch falsch läuft. Vielleicht mahnen sie eine mentale Inventur an, wir sollten unseren Lebensstil kritisch beäugen und uns einige ungemütliche Fragen stellen. Richten wir unsere Aufmerksamkeit nach innen.

Unsere moderne Gesellschaft hat sich mit Stress und Anspannung arrangiert, häufig werden sie sogar als normales

Nebenprodukt eines erfolgreichen und produktiven Lebensstils angesehen. Manche stressverursachende Situation liegt außerhalb unserer Kontrolle, aber das Vorkommen liegt zahlenmäßig bei Weitem unter dem, was wir vermuten (siehe erlernte Hilflosigkeit, Seite 81). Gesundheit und Wohlgefühl werden bei den Dingen, die wir erreichen möchten, regelmäßig als niedrigste Priorität eingestuft. Häufig geraten wir in Konflikte (Gefühl, dass wir keine Optionen haben) und ungesunde innerliche Spannungen, die besser äußerlich geblieben wären.

Ironischerweise verzichten wir am ehesten noch in stressvollen Zeiten auf unsere Entspannung oder Spaß, weil wir uns dann „schuldig" fühlen, wenn wir unseren Fokus vom Stress abwenden oder uns sogar vergnügen. Und damit machen wir genau das Gegenteil von dem, was uns gut tun würde.

Zwar sind Anspannung und Stress natürliche und nützliche Empfindungen, wenn sie jedoch zu lange bleiben, führen sie zu einem ungesunden Zustand. Die Wohltat, eine extra Portion Kraft zu erhalten, verbesserte Fähigkeiten oder einen erweiterten Fokus, damit wir in Stresssituation über uns hinauswachsen können, muss in ihrer Natur vorübergehend sein. Menschen, die ständig über die schlimmsten Szenarien nachdenken, die Risiken oder Zweifel übertreiben und unnötige Sorgen mit sich tragen, erzeugen künstliche Anspannung. Auf diese Weise befinden sie sich ständig im „Flucht-Kampf"-Modus. Der schickt dem Gehirn ständig Hilfesignale, ohne dass Hilfe nötig wäre. Was folgt, ist Krankheit.

DIE ABHÄNGIGKEIT VON ANGST

Je länger wir in diesem erregten Zustand verbleiben – ob einfache Gereiztheit oder ausgewachsene Angst – umso mehr scheint er sich festzusetzen und umso schwieriger wird es für die Chemie von Geist und Körper, zum Normalen zurückzukehren.

Es gibt Menschen, denen der Zustand ständigen Sorgens angeboren scheint. Wir alle machen uns von Zeit zu Zeit Sorgen, aber wer von der generalisierten Angststörung (GAS) betroffen ist, befindet sich fast ständig in einem Zustand der Unruhe. Für solche Menschen gibt es nur diesen Geisteszustand. GAS-Patienten können üblicherweise ihre Gedanken nicht von einem Problem lösen. Das kann dazu führen, dass ein normaler Alltag nicht mehr möglich ist. Die Betroffenen verlieren häufig ihre Lebensfreude, da sie sich ständig mit ihren Sorgen beschäftigen.Sie haben Arbeits-, Schlaf- und gesellschaftliche Probleme. Es überrascht nicht, dass GAS-Patienten auch physische Symptome zeigen: extreme Erschöpfung oder Übernervosität, Muskelverspannung, aber auch Herz-Kreislauf- und Immunerkrankungen sowie Magen-Darm-Probleme.

Panik und Phobien

In einer Stadt nahe Providence, Rhode Island, sollte im Februar 2003 eine Nacht mit viel Musik und Spaß stattfinden. Die Konzertbesucher freuten sich auf eine Band und eine wilde Show mit Feuerwerkseinlagen. Das Feuerwerk geriet außer Kontrolle und innerhalb von drei Minuten wütete eine Feuersbrust durch den Club.

Es gab keine Wassersprinkler in den Räumen, in die der schwarze Rauch quoll. Die Leute eilten zum vorderen Eingang. Wie es für große Tragödien typisch ist, geschahen auch hier Heldentaten von Gästen, die selbstlos ihr Leben riskierten, um andere zu retten. Aber es kamen auch Menschen ums Leben, weil sie zu Tode getrampelt wurden. 96 Personen starben in dieser Nacht, die meisten im vorderen Eingangsbereich, wohin alle in wilder Panik gerannt waren. Der Club hatte noch weitere vier Eingangstüren.

Was ist Panik?

Panik ist ein emotionaler Zustand blinder Angst. Wenn sie jemanden überkommt, setzen alle vernünftigen und logischen Gedanken aus und lassen Menschen Dinge tun, die sie normalerweise nicht einmal denken würden, sogar Dinge, die ihrem eigenen Befinden schaden und die die auslösende Angst noch weiter schüren.

Wie entsteht Panik?

Großer Stress kann der Katalysator für das Auslösen von Panikstörungen sein. Bei einer Panikattacke wird der Flucht-Kampf-Mechanismus ausgelöst, häufig ohne direkten Impuls. Während einer Attacke erlebt man totale und alles verschlingende Angst, die physischen Symptome sind

DER GOTT DER PANIK

Dem Wort Panik hängt eine Geschichte an, die die universelle Angst der Betroffenen erklärt. Abgeleitet ist es von Pan, dem altgriechischen Gott der Hirten.

Neben seinen anderen Zuständigkeiten wie erotischer Liebe und Musik, besaß Pan die Fähigkeit, extreme, irrationale Angst in anderen zu erzeugen, besonders wenn sie allein waren. Die alten Griechen glaubten, dass Pan seine Kräfte für das Gute eingesetzt hat, als es zum Kampf zwischen den Titanen und den Göttern im Olymp kam. Pan erzeugte bei den angreifenden Titanen blanke Angst, ein Trick, den er der Legende nach auch einsetzte, um den Athenern in der Schlacht um Marathon einen Vorteil über die einfallenden Perser zu verschaffen. Seither wird irrationale Angst Panik genannt, nach dem Gott, der in den Herzen seiner Feinde solch entsetzliche Furcht auslösen konnte.

denen eines Herzinfarktes sehr ähnlich, darunter: Herzrasen, Schmerzen in der Brust, Zittern, zugeschnürte Kehle, kribbelnde Extremitäten, Schwindel, Kurzatmigkeit, Übelkeit und das Gefühl absoluten Verderbens oder Furcht. Eine Panik überkommt einen meist plötzlich, ohne Vorwarnung und dauert zwischen zwei Minuten und einer halben Stunde, manchmal sogar länger.

Panikattacken

Von ihnen gibt es drei Arten: spontane, spezifische und situationsbedingte. Im Fall spontaner Panikattacken gibt es keinen direkten Auslöser. Es wird angenommen, dass Stress allgemein und spezielle Verluste die persönlichen Reizschwellen heruntersetzen. Dadurch werden die Weichen zur Bereitschaft einer Panikattacke gestellt. Bei spezifischen und situationsbedingen Attacken gibt es einen bestimmten Auslöser. Attacken, die aufgrund von persönlichen Phobien ausgelöst werden, sind Beispiele dafür. Sie treten häufig an Orten und in Situationen auf, in denen diese entstanden. Genauso braucht auch eine situationsbedingte Attacke bestimmte Umstände. Der Unterschied zwischen den beiden Arten ist, dass ein bestimmter Katalysator zwar die situationsbedingte Attacke auslösen kann, er selbst aber nicht das Objekt der Panik ist.

Genau wie die Anspannung ist gesunde Angst eine natürliche Emotion, die uns schützen und in bedrohlichen Situationen führen soll. In Babys steckt eine natürliche Furcht vor potentiellen Bedrohungen wie Schlangen und großen Höhen, während sie später Angst haben vor von Menschenhand gefertigten Dingen wie Gewehren. Eine Phobie könnte eine natürliche Reaktion auf Angst sein, die aus dem Ruder gelaufen ist.

Der Grund von Phobien kann ein ähnlicher wie bei den Fehlleistungen bei Panikattacken sein – extreme Angst in bestimmten Situationen, ohne dass eine reale Gefahr besteht oder die empfundene Angst steht in keinem Verhältnis zum Risiko.

Zum Wesen von Phobien gibt es zwei Theorien: das nicht-assoziative Modell besagt, dass die Veranlagung für Phobien angeboren ist, sie werden nicht durch direkte Erfahrungen verursacht. Die traditionelle ätiologische Theorie sagt allerdings, dass Phobien das Ergebnis von Übertragung anderer sind oder durch soziale Konditionierung entstehen. Interessant ist, dass durch Studien herausgefunden wurde, dass einige Phobien vererbbar scheinen, obwohl sich das bei sozialen und anderen speziellen Phobien anders verhält.

Therapien zur Bewältigung

Techniken, um mit Phobien und Panik fertig zu werden, sind Schulung, Psychotherapie und Arzneimittel. Als allgemein wichtiger Behandlungsteil wird die Übung angesehen, sich dem Auslöser zu stellen. Beispiele dafür sind die von Joseph Wolpe entwickelte systematische Desensibilisierung, in der eine Person nach und nach an seinen Furchterreger herangeführt wird, größtenteils in fiktiven oder simulierten Situationen, und das „Flooding“ von Thomas Stampfl, bei dem der Patient dem gefürchteten Reiz ausgesetzt wird.

Posttraumatische Belastungsstörung

Denken Sie an Ihren schlimmsten Albtraum. Er wird wahr. Und nun stellen Sie sich vor, Sie können nicht damit aufhören, ihn sich vorzustellen. Das erleben die Opfer der posttraumatischen Belastungsstörung (siehe Seiten 40–41). Sie leiden unter wiederkehrenden Gefühls- und Wahrnehmungsstörungen, in denen das erlebte Trauma immer wieder durchlebt wird. Symptome für diese kräftezehrende Störung sind Halluzinationen, Flashbacks und real wirkende Träume.

Trauma in Kürze

PTBS (Posttraumatische Belastungsstörung) wurde zuerst bei Kriegsüberlebenden festgestellt und als Kriegsneurose bekannt. Der Zustand kann eine Person überkommen, die eine oder mehrere lebensbedrohliche Situationen erlebt hat, in denen sie selbst oder andere schwere körperliche oder emotionale Verletzungen erfahren haben. Mögliche Szenarien sind massive Gewaltanwendung, Verbrechen, Kriegshandlungen, Naturkatastrophen, sexueller Missbrauch, Unfälle und Miterleben von traumatischen Erlebnissen dritter Personen.

Was ist PTBS?

Dass PTBS-Opfer ihre Traumata wieder und wieder durchleben, könnte daran liegen, dass das Erlebte ihre kognitiven Prozesse überlagerte und das Gehirn weder in der Lage war zu funktionieren noch die Erinnerungen und Emotionen zu verarbeiten. Man nimmt an, dass das ständige Wiedererleben das Ergebnis eines übersättigten Systems ist, das versucht, mit den unverarbeiteten Informationen umzugehen.

Die schockierend genauen Träume, in denen das Erlebte wieder und wieder abgespielt wird, werden als weiterer Faktor der unverdauten Informationen gewertet. Die nichtlinearen und unpräzisen Traumverläufe, an die wir gewöhnt sind und in denen Erinnerungen verarbeitet und gefestigt werden, gibt es bei Trauma-Patienten nicht.

Wer bekommt PTBS und warum nicht jeder?

Zwei Menschen können dasselbe Trauma erleben, aber auf völlig unterschiedliche Weisen damit umgehen. Der eine ist vielleicht nur sehr aufgewühlt, während der andere traumatisiert ist und PTBS erleidet. Wie ist das möglich? Die Forschung weist auf Zusammenhänge zwischen PTBS und schlechter neurokognitiver Funktion hin, die speziell Aufmerksamkeit und Gedächtnis betreffen. Es wird vermutet, dass diese Defizite die Folge von Anomalien im Norepinephrin (ein Hormon und Neurotransmitter) oder auf ein vermindertes Volumen in der Hippocampus-Gegend zurückzuführen sind, die der PTBS zugeordnet ist. Sicher ist noch nicht, ob die

Anomalien eine größere Empfindlichkeit für PTBS bedeuten oder ob sie durch das Trauma entstehen. Sind Menschen mit besseren Gedächtnisleistungen eher gefeit vor den ungewollten aggressiven Gedanken? Das zu beantworten steht noch aus, da das Trauma an sich unvorhersehbar ist. Man kann schlecht einen Freiwilligen nehmen, ihn ein Trauma erleben lassen und Vorher-Nachher-Messungen durchführen.

Ein ewiger Kampf

Auch andere Umstände verhindern, dass PTBS-Betroffene aus ihren ständigen Kämpfen herausfinden. Alltägliche Erfahrungen werden als Teil des Auslösers empfunden. Die Reaktion ist, alles zu vermeiden, was auch nur entfernt mit dem Trauma in Verbindung stehen könnte: Eine Fehlzündung wird als abgefeuertes Gewehr interpretiert. Eine Frau, die nach dem Einkaufen auf dem Weg zu ihrem Auto überfallen wurde, schafft es nicht mehr, allein irgendwo hinzugehen.

Betroffene haben häufig eine übertriebene Schreck-Reaktion. Sie empfinden sich als losgelöst von ihrem Selbst, gleichzeitig steht ihnen nur eine begrenzte Palette von Emotionen und Gefühlen zur Verfügung, sie müssen darum kämpfen, Gefühle und Interesse für irgendetwas aufzubringen. Plötzlich finden sie es vielleicht schwer, sich ihre Zukunft vorstellen. Häufig ziehen sie sich zurück und versuchen, alles zu vermeiden, was die Reaktion auslösen könnte. Traumatisierte werden ständig zwischen dem Wiedererleben des Traumas und dem Vermeiden hin- und hergerissen.

Profil

Herbert Benson

Alternativkonzepte wurden von der traditionellen, konservativen Medizin häufig verhöhnt. Akupunktur, Yoga und Meditation wurden abgetan als absurde Praktiken von Hippies oder Spinnern, der Nutzen galt als eingebildet. Heute sind viele Anwendungen hoch angesehen und ihre Heilkraft ist anerkannt.

Herbert Benson ist ein amerikanischer Kardiologe, der für seinen Erfolg, die „Mind-Body-Methode“ der alternativen Medizin in die Schulmedizin einzugliedern, und die Heilkräfte des Geistes über den Körper anzuerkennen, vielfach gerühmt wird. Als Dr. Benson in Harvard kardiologische Studien betrieb, nahmen Anhänger der Transzendentalen Meditation Kontakt zu ihm auf. Sie behaupteten, dass sie ihren Blutdruck allein durch meditative Gedanken kontrollieren konnten. Zu der Zeit glaubte man, das kardiovaskuläre System sei total autonom. Dr. Benson wurde überredet, sich in seinem Labor im konservativen Harvard die Auswirkung von meditativen Praktiken anzusehen. Die Versuche von Dr. Benson und den TM-lern zeigten, dass sie tatsächlich den Blutdruck von Patienten senken konnten. Den Prozess, der dahin führte, nannten sie Entspannungsreaktion. Im Grunde braucht es zwei einfache Schritte, um die Entspannungsreaktion herbeizuführen. Das Benson-Henry Institute for Mind Body Medicine drückt das so aus:

1. Die Wiederholung eines Wortes, eines Geräusches, eines Satzes, eines Gebets oder Muskelaktivität.
2. Die gelassene Missachtung von Alltagsgedanken, die unvermeidbar aufkommen, und das Zurückkehren zur Wiederholung.

Die einfache Tatsache, dass die Meditation den Heilungsprozess auslöst, öffnete die Türen für ein großes Bewusstsein für die Möglichkeiten, wie Gedanken die Physis beeinflussen können. Dr. Benson arbeitete mit Patienten, die dadurch ihren Blutdruck senken konnten. Und er stellte eine allgemeine Verbesserung ihrer Gesundheit und ihres Wohlgefühls durch die Entspannung fest.

Dr. Benson sagt, dass der Geist sich von Alltagsgedanken und -sorgen abkoppeln kann und dadurch Körper und Psyche schneller beruhigt, was auf andere Weise nicht unbedingt machbar wäre. Wenn der Geist einen Zustand tiefer Entspannung erreicht, entspannt auch der Körper, repariert einige seiner wichtigsten Mechanismen und stärkt die allgemeine Abwehr.

Benson betont, wie wichtig der Faktor Glaube ist und verweist darauf, dass Spiritualität den Nutzen drastisch erhöht, weil sie Bedenken und Ängste noch mehr beruhigt als die Entspannungsreaktion allein. Dabei stellt Benson keinen Glauben über den anderen, sondern betont nur immer wieder, wie wichtig es ist, sich auf seine Gefühle einzu-

ENTSPANNUNGSREAKTION FÜR JEDEN

Wenn Sie die Entspannungsreaktion testen möchte, halten Sie sich an diese Anleitung, die an die Benson-Methode angelehnt ist.

1. Sitzen Sie ruhig in bequemer Position.
2. Schließen Sie die Augen.
3. Entspannen Sie die Muskeln, fangen Sie dabei mit den Füßen an und arbeiten sich bis zum Gesicht hoch.
4. Atmen Sie durch die Nase. Atmen Sie bewusst. Sagen Sie beim Ausatmen tonlos „eins“ oder irgendetwas, das beruhigend klingt, möglichst ohne besondere Bedeutung oder Verbindung, um jeden Gedanken zu verhindern. Also: einatmen ... ausatmen, „eins“, ein ... aus, „eins“ und so weiter. Atmen Sie leicht und natürlich.
5. Führen Sie die Übung 10 bis 20 Minuten durch. Öffnen Sie ruhig zwischendurch die Augen, um nach der Zeit zu sehen, aber stellen Sie sich keinen Wecker. Bleiben Sie anschließend noch ein paar Minuten ruhig sitzen, erst mit geschlossenen, dann mit offenen Augen. Warten Sie ein wenig, bevor Sie aufstehen.
6. Machen Sie sich keine Gedanken darüber, ob Sie eine tiefe Entspannung erreichen oder nicht. Bleiben Sie passiv und lassen der Entspannung ihren Lauf. Tauchen Gedanken auf, die Sie ablenken, versuchen Sie, sie zu ignorieren und kehren Sie zu „eins“ zurück.

Mit ein wenig Übung sollte es leichter werden, die Entspannung hervorzurufen. Üben Sie ein- bis zweimal am Tag, aber warten Sie damit zwei Stunden nach dem Essen, da die Verdauungstätigkeit dem Erfolg im Weg steht.

lassen. Er ermutigt die Menschen, ihren Instinkten mehr und aktiv zu folgen. Auch sollte jeder herausfinden, was für ihn wichtig ist. Das Anklopfen ans Innere, entweder durch Erforschung des Gewissens, Nachdenken, aufs eigene Herz hören, In-sich-kehren, beten oder drüber schlafen. Manche Menschen handeln instinktiv oder werden von ihrem gesunden Menschenverstand geleitet, bei anderen dauert es, bis sie ihre Wahrheit oder Intuition finden. Aber fast jeder kennt das, wenn sich etwas „richtig anfühlt“. Und die meisten besitzen eine Art Radar, das sich gelegentlich bei ihnen meldet.

Benson sagt, dass das Vertrauen in die Macht des Prozesses ausschlaggebend für das Loslassen von Sorgen und Stress ist. Erst dann erreicht man wirkliche Entspannung. Die Herausforderung ist die Selbstpflege, denn es ist notwendig, die Entspannungspraktiken zu einem täglichen Ritus zu machen. Dann lassen sich damit auch Stress und Angststörungen beeinflussen.

Gute Gründe zu chillen

Die Wirkung von emotionalem Unwohlsein auf unsere physische Gesundheit ist verbreitet und klar zu sehen. Dauernde emotionale Unruhe beeinflusst uns mental, physisch und spirituell negativ. Stress und Anspannung treiben den Blutdruck hoch, die Verdauung wird beeinträchtigt, unsere Muskeln sind verspannt und sie tragen zu Herzerkrankungen und anderen Gesundheitsproblemen bei.

DIE PERFEKTEN ELTERN

Sie haben ein Kind mit vielen Interessen und Hobbys: Kunst, Sport, Theater, Musik, Freunde, in der Natur unterwegs sein, Orte sehen, Spiele spielen und ... und ... und. Ihr Kind geht gerne ins Museum, führt den Hund im Park spazieren und besitzt kreative Vorstellungskraft. Sie wissen, dass Ihr Kind noch zahllose andere Dinge mögen würde, die es aber noch nicht kennengelernt hat.

Kategorie A
Ihr Kind soll seine Talente entwickeln und einen weiten Horizont bekommen, so suchen Sie nach Dingen, die es lieben wird. Sie übernehmen eine aktive Rolle in der Entwicklung von Interessen und Fähigkeiten, kümmern sich und motivieren.

Kategorie B
Sie wissen zwar, dass es viele Dinge gibt, die Ihr Kind gerne macht, aber Sie haben keine Zeit dafür. Sie wissen auch nicht, wo solche Aktivitäten stattfinden und häufig sind sie zu teuer oder zu weit weg. Häufig sind sie vom Alltag mit Kind schon zu erschöpft, um sich weitere Dinge auszudenken. Spielverabredungen stehen unten auf der To-do-Liste, weil sie leicht mal in Anstrengung ausarten. Ihre Absichten sind gut, aber manchmal bleiben sie eben nur Absichten.

Als gutes Elternteil fallen Sie wahrscheinlich unter die Kategorie A. In Kategorie B gibt es unangenehme Wahrheiten, aber Kategorie A ist wirklich ideal. Jetzt lesen Sie die Texte noch einmal: Wir reden nicht länger über Ihr Kind, sondern über Sie! Ändern sich Ihre Antworten? Ist es nicht wahrscheinlicher, dass Sie nun in Kategorie B wechseln? Wir gehen oft auf eine Weise mit uns um, die wir niemandem sonst zumuten würden, schon gar nicht einem Kind. Wir vernachlässigen uns, sind zu beschäftigt, auf unserer Prioritätenliste stehen Selbstpflege und einfache Freuden ganz unten. Stress und Anspannung treiben uns in die Vernachlässigung unserer Person, im Verhalten und auch sonst. In Wahrheit sind Stress und Anspannung Zeichen dafür, dass wir das genaue Gegenteil tun müssten.

Angst kann in eine gefährliche Abwärtsspirale führen. Häufig werden die Symptome ignoriert oder als gegeben hingenommen. Anzeichen von Stress oder Anspannung, wie Reizbarkeit, Schlafstörungen, Muskelverspannungen, Unruhe, Konzentrationsstörungen, Übelkeit, regelmäßige Kopf- und Bauchschmerzen und Magengeschwüre werden oft nicht ernst genommen. Aber sie sind wie rote Flaggen, mit denen unser Körper uns signalisieren möchte, dass etwas nicht stimmt und geändert werden muss.

ENTSPANNUNG IST ERLERNBAR

Kehren die Symptome häufig wieder und stören Ihr Wohlbefinden, dann könnte die Zeit gekommen sein, auf gesündere Art damit umzugehen.

Entspannungstechniken helfen besonders Patienten mit Herzerkrankungen, Angina, Bluthochdruck, Herzrhythmusproblemen, Jähzorn, Diabetes, Schmerzen, hohem Cholesterinspiegel, Schlafproblemen, stressbedingten Störungen und sogar denen, die sich auf eine Operation vorbereiten. Bewiesen ist, dass Entspannung langfristig die Gesundheit fördert und ernsthaft Erkrankten Lebensqualität schenkt.

Entspannungstechniken verlangsamen den Geist und fokussieren ihn auf das Atmen, um die Verbindung zum Körper wieder herzustellen. Der Körper soll in einen ausgewogenen Zustand zurückkehren, nachdem Störungen Stress in das System gebracht haben. Dazu erlernt man die gedankenlose Aufmerksamkeit mit dem Blick auf Körpererfahrung. So entspannen Muskeln und Geist.

Aus den vielen Entspannungstechniken muss jeder selbst wählen, was bei ihm am besten wirkt. Beispiele sind:

Progressive Muskelentspannung
Visualisierung
Tiefe Bauchatmung
Geführte Fantasiereisen
Kunsttherapie
Meditation
Yoga
Aromatherapie
Musiktherapie
Gebete

Es finden sich online viele Tests, mit denen Sie herausfinden können, wie viele Stresssymptome sich bei Ihnen zeigen. Geben Sie „Stresstest“ in die Suchmaschine ein und schon können Sie loslegen.

Übung 7

Stress und Anspannung

DAS PROBLEM:

Was für ein Tag! Morgens haben Sie sich so heftig mit Ihrer Chefin gestritten, dass Ihnen eine Abmahnung in Aussicht gestellt wurde. Als Sie durch den strömenden Regen nach Hause fuhren, streiften Sie ein parkendes Auto – beide Wagen bekamen Dellen. Endlich zu Hause. Sie sitzen am Esstisch, legen den Kopf in Ihre Hände, da sehen Sie einen Notizblock und einen Stift. Wie können Ihnen diese beiden Dinge helfen, sich besser zu fühlen?

DIE METHODE:

Verschiedene Gedanken kommen Ihnen in den Sinn: Sie könnten Papierflugzeuge falten. Das wäre für 1 oder 2 Minuten lustig, löst aber sicher nicht den Knoten in Ihrem Magen. Sie könnten das Gesicht der Chefin aufmalen und als Dartscheibe verwenden. Könnte erlösend wirken, aber Sie haben gar keine Darts. Aber Sie können schreiben.

Mögliche Wege sind: Sie schreiben auf, was geschehen ist und wie Sie sich damit fühlen. Vielleicht liegt der Stresslevel tiefer vergraben. Gibt es etwas aus Ihrer Vergangenheit, dass Ihnen zu schaffen macht? Schreiben Sie es auf, beobachten Sie, wie es Ihnen dabei geht. Oder Sie schreiben ein Gedicht / eine Geschichte, die nichts mit dem heutigen Tag oder Ihrer Vergangenheit zu tun hat. Lassen Sie Ihrer kreativen Seite freien Lauf und sehen Sie, was dabei herauskommt.

DIE LÖSUNG:

Die therapeutische Wirkung des ausdrucksvollen Schreibens ist dokumentiert. Testteilnehmer wurden gebeten, sich einige Tage Zeit zu nehmen, um beunruhigende oder emotionale Episoden aus ihrem Leben aufzuschreiben. Verglichen mit der Kontrollgruppe, die über ein neutrales Thema schrieb, zeigte sich, dass die ausdrucksvollen Schreiber zuerst in ein Stimmungstief fielen, nach einiger Zeit aber verbesserte sich ihre physische und psychische Gesundheit.

Man weiß nicht genau, warum das ausdrucksvolle Schreiben diese Wirkung hat. Eine gängige Theorie besagt, dass Menschen dabei ihre Erfahrungen in Erzählungen umwandeln können. Durch das Aufschreiben und Durchlesen verstehen sie das Erlebte. Auch gibt es ihnen das Gefühl der Kontrolle darüber und das kann den Stress verringern (siehe Seite 134).

Das Schreiben von Fiktion oder Gedichten kann therapeutisch wirken, vor allem, weil es Spaß macht. Genau wie direkt über traumatische Erlebnisse zu schreiben, sind erdachte Geschichten eine Art, mit Erfahrungen umzugehen, aber dieses Mal in einer fiktionalen Welt. Auf lange Sicht kann das Schreiben in einem kreativen Workshop dazu führen, neue Freunde zu finden.

Kreatives Schreiben kann mit konventionellen Therapien kombiniert werden. Häufig finden Menschen es einfacher, ihre Probleme über das Medium Schreiben mitzuteilen. Ein erfahrener Therapeut wird die Geschichte mit dem Patienten besprechen. Auch Geschichten oder Gedichte, die andere Personen für den Patienten geschrieben haben, können in Hinsicht auf Probleme und Beziehungen gelesen werden.

Wenn Ihnen das Schreiben nicht so liegt, gibt es andere Möglichkeiten: 2010 ergab eine Studie, dass es zu einem psychologischen Abschluss kommt, wenn man eine bedauerliche Entscheidung aufschreibt, in einen Umschlag steckt und diesen zuklebt. Die Studenten, die das machten, waren wesentlich besserer Stimmung als die, die sich auf das Aufschreiben beschränkten. „Wir haben bewiesen, dass der metaphorische Akt des Einpackens und Versiegelns sich derart auf das Gedächtnis auswirkt, dass die emotionale Komponente abgeschwächt wird.“, sagten die Forscher von der Nationalen Universität in Singapur.

Kapitel 8

Schlaf

Auf die Dauer eines Lebens gerechnet, kommen einige Jahre zusammen, die wir schlafend im Bett verbringen. Da sollte man annehmen, wir seien alle Fachleute auf dem Gebiet, dennoch leiden viele Menschen an Schlafstörungen wie Schlaflosigkeit, Schlafwandeln und Albträume. Dieses Kapitel erklärt, was geschieht, wenn wir nicht genug Schlaf bekommen. Außerdem gibt es Tipps für einen geruhsamen Schlaf.

Parasomnie

Stan Taylor war der Direktor einer der größten High Schools einer mittelgroßen Stadt. Er war bekannt und beliebt, wusste alle Namen der Schüler und hatte für jeden ein Lächeln oder ein freundliches Wort.

Er wurde in der Gemeinde respektiert, wie vorher schon seine Eltern. Er engagierte sich im Stadtrat und bei wohltätiger Arbeit, war ein passionierter Läufer und seit 30 Jahren glücklich verheiratet. Die drei Kinder führten ein erfolgreiches Leben.

Eines Morgens kam Mrs. Taylor mit blauen Flecken und Kratzern im Gesicht und an den Armen ins Büro. „Was ist denn nur geschehen?", riefen ihre Kollegen. „Wer hat das getan?" Mrs. Taylor sah zu Boden und zögerte, bevor sie mit Tränen in den Augen sagte: „Das war Stan." Ungläubig keuchten alle auf. „Er ... er war ... er hat geschlafen dabei", stammelte sie.

Stan Taylor ist ein Beispiel für die am häufigsten untersuchte Parasomnie, der REM-Schlaf-Verhaltensstörung, bei der jemand im REM-Schlaf heftige Träume durch Körperbewegungen und Geräusche auslebt.

WAS WÄHREND DES REM-SCHLAFS PASSIEREN KANN:

Schreien
Fluchen
Boxen
Würgen
Fahren
Schusswaffen abfeuern
und mehr ...

Es scheint einen Zusammenhang zwischen dem Ausagieren und dem Trauminhalt zu geben.

Was geschieht dabei?

Im Grunde handelt es sich um eine teilweise Erregung. Der Körper zeigt ein Verhalten, das gleichzeitig auf Schlaf und Wachzustand hinweist. Das Phänomen heißt Parasomnie, ein Betroffener führt häufig komplexes physisches und verbales Verhalten aus. Auch gefährliches Verhalten – und alles in einem Zustand, den wir Schlaf nennen.

Mr. Dorff

Einer der seltsamsten und berühmtesten Fälle von Schlafparasomnie ist der Fall von Mr. Dorff. Er war ein Händler im Ruhestand und ein Patient von Dr. Carlos Schenck an der Mayo Clinic. Er suchte jemanden, der ihm bei seinen „brutal verlaufenden Albträumen" helfen konnte. In einem seiner Träume rammte Mr. Dorff mit voller Wucht die Kommode in seinem Schlafzimmer, weil er dachte, sie sei ein Quarterback bei einem Touchdown – Versuch.

Gründe für Parasomnie

Warum werden diese physiologischen Systeme zu so unpassender Zeit geweckt? Nathaniel Kleitman und Eugene Aserinsky fanden 1953 mittels EEG-Aufzeichnungen (Messungen der Gehirntätigkeit) heraus, dass das Muster der elektrischen Aktivität im REM-Schlaf fast das gleiche wie im Wachzustand ist.

Nicht alle Formen des Parasomnie-Verhaltens treten im REM-Schlaf auf, Wissenschaftler haben jedoch festgestellt, dass das Gehirn in dieser Schlafphase dieselben Signale an die Muskeln sendet wie im Wachzustand. Bei den meisten Menschen blockiert dann ein anderer Gehirnkreislauf durch chemische Signale die Muskeln und paralysiert sie, damit sie die Befehle nicht ausführen. Nur ein kleiner Ohrmuskel und die Augenmuskeln bleiben davon verschont. Einige Nerven im mittleren Teil des Gehirns unterdrücken Bewegung und sind bei einigen Parasomnien beteiligt. Interessanterweise ist genau das der Teil, der bei Parkinson-Patienten betroffen ist und auch viele Parasomnie-Patienten entwickeln später Parkinson, was die Annahme bestärkt, dass dieses Gehirnareal dafür verantwortlich ist.

Hinter den physischen Gründen stehen tiefere Ursachen wie biologische Fehlfunktionen, Stress und Depressionen als am häufigsten auftretende Faktoren. Parasomnien gibt es bei Kindern häufiger als bei Erwachsenen und sind oft ein Familienphänomen.

Schlafmangel

Selbst der geringste Schlafmangel macht sich schon bemerkbar. Unser Denken ist beeinträchtigt, unsere Bewegungen werden langsamer und unsere Stimmung schwankt leicht. Zu wenig Schlaf und Stimmung stehen in unleugbarem Zusammenhang. Klinische Depressionen treten auffallend oft im Zusammenhang mit Schlafstörungen auf. An dieser Stelle sei vermerkt, dass Schlafstörungen eine der Hauptkriterien für die Diagnose Depression sind.

In diesem Zusammenhang soll auf die Folteropfer aufmerksam gemacht werden, die gezwungenermaßen über lange Strecken wach bleiben. Auf ihrem Weg in den Wahnsinn erleiden sie optische und akustische Halluzinationen. Schlaflosigkeit und Schlafentzug führen zu vielen Komplikationen. Wir alle wissen, dass wir unausgeglichen sind, wenn wir zu wenig Schlaf bekommen. Aber warum? Warum können Erschöpfung und Stimmung nicht unabhängig voneinander auftauchen?

Schlafmuster

Sowohl bei Schlaflosigkeit als auch bei übermäßigem Schlaf (Depression) geht es nicht darum, zu viel oder zu wenig Zeit im Bett zu verbringen: Der normale Schlafrhythmus ist gestört.

Das Muster für einen gesunden, tiefen Schlaf besteht aus vier bis sechs einzelnen Zyklen pro Nacht und führt durch immer tiefere und entspannendere Tiefschlafphasen, wobei es im REM-Schlaf zu großer Aktivität des Gehirns und sehr schnellen Augenbewegungen kommt.

Warum wir schlafen

Im Schlaf werden unsere Erinnerungen gefestigt. Man weiß, dass der REM-Schlaf für das Gefühlsgedächtnis zuständig ist. Depressive Personen gelangen schneller in die REM-Phase als andere und bleiben länger darin, wobei ihre Hirntätigkeit ungewöhnlich aktiv ist. Fachleute glauben, dass der Tiefschlaf und das schnelle Einsetzen des REM-Schlafs einen schädlichen Effekt auf die Stimmungsregulierung des REM-Systems ausüben. Der ausgedehnte REM-Schlaf wird bei Depressiven für die Übergewichtung der negativen Erinnerungen verantwortlich gemacht, da durch die schlechte

VAN GOGHS OHR

Würde Vincent Van Gogh heute leben, würde ihm höchstwahrscheinlich eine Bipolar-Störung attestiert werden. Dabei können manische Phasen auftreten, in denen der Betroffene halluziniert, wie Van Gogh das vermutlich getan hat. Es scheint plausibel, dass er sich einen Teil seines Ohrs abgeschnitten hat, um seine akustischen Halluzinationen zu beenden. Dabei entfernte er keineswegs das ganze Ohr, wie die Legende es will. Für unser Thema ist interessant, dass Menschen mit Bipolar-Störungen Schlafprobleme haben und die Tatsache, dass Van Gogh sich mit Insomnie herumplagte, könnte ein dienlicher Hinweis für die nachträgliche Diagnose sein.

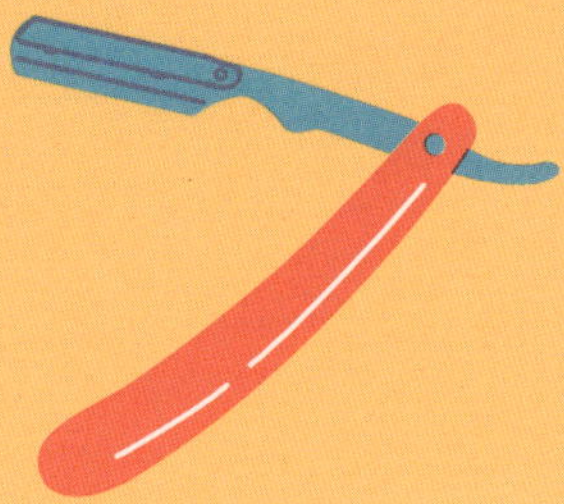

Verarbeitung und Speicherung zu viele negative Gedanken und Gefühle präsent bleiben.

Das trübt die Wirklichkeitswahrnehmung um die Zeit des Einschlafens herum, so dass Patienten mit Schlafstörungen die Zeit völlig überschätzen, die sie brauchen, um einzuschlafen und die eigentliche Schlafenszeit völlig unterschätzen.

Schlaflosigkeit ist die häufigste Störung. Betroffene haben Schwierigkeiten, ein- und durchzuschlafen. Dabei ist bemerkenswert, dass Schlaflosigkeit meist mit einer Schlafdauer von sechs Stunden einhergeht, nicht gerade sehr wenig, aber genug, um den normalen Schlafzyklus durcheinander zu bringen. Und da fangen die Probleme an.

Schlafstörungen führen zu verminderter Konzentration, langsameren Reaktionen in den Wachzeiten und als Folge davon verminderter Produktivität und höherer Unfallanfälligkeit. Fast ein Drittel aller Erwachsenen leidet irgendwann einmal darunter. Chronische Schlaflosigkeit kommt glücklicherweise seltener vor. Zu dem Stress gesellen sich dann noch weitere Faktoren, einschließlich einer unausgewogenen Körperchemie.

Schlafwandeln und Reden im Schlaf

Zwar sind Schlafwandeln und Reden im Schlaf häufig eine Quelle für Witzeleien, sie können aber schwerwiegende Probleme verursachen. Dabei bieten sie interessante Einsichten in das schlafende Hirn.

Somnambulismus

Das Schlafwandeln, so der gebräuchliche Name, tritt häufig im Tiefschlaf in der frühen Nacht außerhalb der REM-Phasen auf. Passiert es während des REM-Schlafs, dann als Teil der REM-Verhaltensstörung und zum Morgen hin. Zum Schlafwandeln gehört ein jähes Hochschrecken. Es kann sein, dass ein Schlafwandler sich abrupt aufsetzt und wirkt, als sei er wach. Vielleicht steht er auf, läuft umher oder putzt, rückt Möbel, putzt sich im Bad die Zähne, zieht sich an und fährt sogar Auto. Schlafwandeln kann nach wenigen Sekunden oder Minuten vorüber sein, aber auch über eine halbe Stunde lang andauern.

Der Legende nach soll es gefährlich sein, einen Schlafwandler zu wecken. Das ist nicht der Fall, nur kann die geweckte Person natürlich verwirrt sein. Eine andere, etwas naive Vorstellung ist es, dass Schlafwandler sich nicht verletzen können. In Wahrheit kommt es sehr häufig zu Unfällen, wenn die Schlafenden fallen oder stolpern.

Symptome für Somnambulismus

Wie erkennt man, ob jemand nachts schlafwandelt oder sich einfach nur ein Glas Wasser holt? Der erste Hinweis ist, dass die Augen geöffnet sind, obwohl die Person wirkt, als ob sie schläft: Der Gesichtsausdruck ist leer oder sie sitzt einfach da.

Möglich ist, dass der Schlafwandler das Bett verlässt, umherläuft oder im Schlaf alles Mögliche erledigt. Nach dem Aufwachen erinnert er sich nicht mehr an die nächtliche Episode. Wird er während des Schlafwandelns geweckt, ist er desorientiert.

Das Schlafwandeln findet sich in allen Altersstufen, am häufigsten allerdings bei Kindern zwischen vier und acht Jahren und es scheint erblich zu sein.

Somniloquie

Die Somniloquie, das Reden im Schlaf, scheint weder dem physischen noch psychischen Wohlbefinden zu schaden. Zwar ist sie eingestuft als Parasomnie, aber das Sprechen hat keine bekannten medizinischen oder psychologischen Konsequenzen. Die Betroffenen wissen nicht, dass sie reden. Häufig werden sie erst wach, nachdem sie durch ihr Reden jemand anderes geweckt haben, der sie wiederum fragt, ob alles in Ordnung ist.

Das Reden im Schlaf kann zu jedem Zeitpunkt des Schlafzyklus' vorkommen, allerdings wird die Sprache immer verständlicher, je leichter der Schlaf ist. Dann ist es möglich, mit den Schlafenden ganze

MULTI-TASKING

Lesen Sie den folgenden Absatz und singen Sie dazu den Refrain aus *A Hard Day's Night* oder einem anderen Lied: „Nach den Diebstählen der letzten Zeit aus namhaften Museen überall in der Welt steht die internationale Kunstgemeinschaft unter Schock. Wut und Verzweiflung herrschen. Die Diebe haben Hochsicherheitssysteme in Museen und privaten Wohnhäusern überlistet. Die Schadenssumme beläuft sich auf mehrere Milliarden Euro."

Gleichzeitig den wahren Sinn des Gelesenen zu erfassen und den Refrain zu erinnern und zu singen, ist beinahe unmöglich. Ihre Konzentration ist geteilt, Sie können nicht beiden Dingen mit voller Aufmerksamkeit nachgehen. Das entspricht dem normalen Schlaf, bei dem andere aktive Prozesse blockiert werden. Leidet man an einer Parasomnie wie dem Schlafwandeln, scheint es, das Gegenteil trete ein: Es erweckt den Eindruck, dass das Gehirn auf zwei Frequenzen gleichzeitig funkt.

Unterhaltungen zu führen, während die Äußerungen im Tiefschlaf sich meist auf Stöhnen und Gebrabbel beschränken. Man weiß noch nicht, ob das Reden im Schlaf eng mit dem Träumen verbunden ist, obwohl intuitiv viel dafür spricht. Im REM-Schlaf zu sprechen ist zwar möglich, aber sehr ungewöhnlich, da die Muskellähmung in dieser Phase auch Kiefer und Sprechapparat betrifft.

Nächtliches Reden in Verbindung mit der REM-Schlaf-Verhaltensstörung oder Schlafangst ist allerdings dramatischer. Im ersteren Fall sind die Betroffenen laut, emotional und sogar lästerlich. Während der Schlafangst zu sprechen, ist ein Zeichen großer Angst, die Träumenden kreischen und schreien.

Wo liegt das Problem?

Somniloquie wird im Allgemeinen nicht als Problem angesehen, es sei denn, eine weitere Störung wie Schlafwandeln kommt hinzu. Anspannung, Stress und Fieber forcieren das Sprechen. Die Ursache für nächtliches Reden ist unbekannt, aber immerhin rund fünf Prozent der Erwachsenen scheinen regelmäßig im Schlaf zu sprechen. Sollten Sie dazu gehören, könnten Ihnen folgende Tipps helfen: Vermeiden Sie schwere Mahlzeiten vorm Zubettgehen, schlafen Sie ausreichend, senken Sie Ihr Stressniveau und sorgen Sie für ein gesundes Schlafverhalten.

Narkolepsie

DIE WAHRHEIT ÜBER DIE SCHLAFKRANKHEIT

1. Wer Narkolepsie hat, schläft täglich mindestens 10 bis 16 Stunden am Tag.
2. Ein Symptom für Narkolepsie ist das Tagträumen – einschließlich optischer und akustischer Halluzinationen.

ANTWORTEN

1. **Falsch:** Entgegen der allgemeinen Annahme schlafen Narkoleptiker nicht mehr als andere.
2. **Wahr:** Das ist tatsächlich ein Symptom für Narkolepsie.

Grenzenlos

Narkolepsie ist eine Abgrenzungsstörung zwischen den Schlaf- und Wachphasen. Während des REM-Schlafs ist das Gehirn sehr aktiv und imitiert den Wachzustand, während die Muskeln gehemmt sind. In einem normalen Schlafzyklus beginnt diese Phase nach 80 bis 100 Minuten nach dem Einschlafen. Ein kompletter Schlafzyklus dauert 110 Minuten, beginnend mit NREM-Schlaf, geht in den REM-Zustand über und wieder zurück in die NREM-Phase. Narkoleptiker befinden sich fast sofort nach dem Einschlafem im REM-Schlaf, manchmal sogar noch im Wachzustand. Dieser rasante Übergang ist wie eine fortgesetzte Wachzustands-Gehirnaktivität und kein inaktives Gleiten in die REM-Phase. Die Muskelhemmung erfolgt abrupt. Das Gehirn bleibt wach, der Körper schläft. Schlafattacken dauern zwischen wenigen Augenblicken bis zu über einer Stunde.

Die Übergänge von NREM- zu REM-Schlaf werden von Nervenzellen im Hirnstamm gesteuert, bekannt als Hirnbrücke. Fachleute sind der Meinung, dass eine Fehlfunktion oder sogar eine Degeneration in diesem Mechanismus für die Narkolepsie zuständig ist.

Kataplexie

Die Kataplexie ist ein der Narkolepsie verwandter Zustand, der durch Schwächegefühle und Verlust des Muskeltonus' gekennzeichnet ist. Kataplektische Attacken variieren in Dauer und Ausprägung. Sie können ganz leicht sein, dann sind nur wenige Muskeln schwach betroffen, so wie ein langsames Zufallen des Augenlides. Aber es gibt Fälle mit komplettem Verlust des Muskeltonus, die im körperlichen Kollaps enden können. Weder Bewegungen noch Sprechen sind dann möglich, nicht einmal die Augen bleiben offen. Man kann sich wohl vorstellen, wie schrecklich dieses Erlebnis ist, vor allem beim ersten Auftreten. Die Art des Kontrollverlusts über die Muskeln gleicht dem Zustand im REM-Schlaf. Wissenschaftler fanden heraus, dass die Gruppe der im REM-Schlaf inaktiven Neuronen, die die Muskeln hemmen, vergleichbar inaktiv bei der Kataplexie ist.

Weitere Ähnlichkeiten mit Narkolepsie sind Lähmungserscheinungen im Wachzustand oder während des Einschlafens, lebhafte, traumähnliche visuelle und akustische Halluzinationen im Wachen und plötzliches, schnelles Hochzucken aus dem Tiefschlaf in den Wachzustand, häufig mit Lähmungen. Dies alles kennen wir als verschiedene Schlafphasen. Treten sie jedoch im Wachzustand auf, ist es beängstigend.

Kampf gegen die Narkolepsie

Bis vor Kurzem galt Narkolepsie als Mysterium. Erst in den späten 1990ern haben Wissenschaftler – allen voran das Center für Narkolepsie an der Stanford School of Medicine – Erkenntnisse über die Ursachen gefunden. Um die Narkolepsie zu bekämpfen, wurden Muntermacher eingesetzt, um den Tagesschlaf zu verhindern. Auch verringerten bestimmte Antidepressiva die Symptome. Das ist eine interessante Fußnote zu den Ausführungen auf den Seiten 152–153 über den Zusammenhang von Stimmung und Schlaf.

LEBEN MIT NARKOLEPSIE: EIN GEDANKENEXPERIMENT

Kann man ein normales, sicheres Leben führen, wenn man von Narkolepsie befallen ist? Kleinere Aussetzer dauern vielleicht nur wenige Momente, häufig stellt sich automatisches Verhalten ein, so dass Handlungen wie ununterbrochen wirken. Oft jedoch ist die Gefahr um ein Vielfaches größer: Denken Sie nur ans Autofahren. Oder das unruhige Gefühl, in der Öffentlichkeit ein Portmonee dabei zu haben und plötzlich beim Shoppen einzuschlafen. Wie bereitet man Verabredungen vor? Wie geht das mit dem Kochen am heißen Herd? Und bei der Kinderbetreuung? Diejenigen, die unter Narkolepsie leiden, müssen mit vielen Problemen fertig werden, was uns wieder vor Augen führt, dass wir die Berechenbarkeit unseres Bewusstseins häufig als gegeben hinnehmen.

Ein Leben ohne Träume

Unsere Träume, unsere tiefsten Sehnsüchte, unsere ideale Zukunft – was wäre das Leben ohne Träume? Sind solche Fragen einfache Semantik oder drücken sie den Wunsch aus, tiefere Einsichten in unser Unterbewusstsein zu erlangen?

Wenn die Träume ausbleiben

Menschen mit normaler Hirntätigkeit träumen in der Nacht. Allerdings gibt es große Unterschiede in der Fähigkeit, sich an seine Träume zu erinnern. So kommt es, dass manch einer meint, er würde gar nicht träumen. Studien an Patienten mit speziellen Hirnschäden haben allerdings interessante Informationen über die Natur des Träumens erbracht.

Wird das für räumliche Wahrnehmung und Vorstellungen zuständige Gebiet im Vorderhirn (der Parietallappen) beschädigt, kann das Träumen blockiert werden. Nicht wirklich überraschend, wenn man bedenkt, wie fantasievoll Träume sind. Interessant ist, dass das Träumen auch dann gehemmt wird, wenn ein Areal in der weißen Substanz am Boden des Frontallappens, das die Motivation antreibt, beschädigt ist.

Traumerinnerungen

Wenn wir im hochaktiven REM-Schlaf aufwachen, haben wir das Gefühl, mitten in einem Traum aufzuwachen oder wir sagen: „Ich habe gerade von … geträumt." Einen Moment lang sind wir in der Hochphase der Traumerinnerung, gleich danach können die Details schon verschwimmen. Menschen erinnern sich unterschiedlich genau an ihre Träume, die Traumerinnerung ist ein wenig erforschtes Feld. Denjenigen mit kaum Erinnerungen kann mit Übungen geholfen werden (s. rechte Seite „Verbesserung der Traumerinnerung"). Man geht davon aus, dass die Angst vor Albträumen, andere Ängste oder Aberglaube über Träume und das Unterbewusste die Traumerinnerung blockieren. Weiß man aber Bescheid, dass durch den dringend benötigten Gefühlsausbruch eine Heilung in Gang gesetzt wird, kann man über diese Ängste hinwegkommen.

Rückbesinnung auf den Traum

Durch sozialpsychologische Studien weiß man, dass wir die Wahrnehmung unserer Vergangenheit nach unserer Gegenwart ausrichten (siehe Seite 72). Ein Experiment zeigte, dass Paare, deren Ehe scheiterte, im Folgenden nicht in der Lage waren, sich an gute Zeiten zu erinnern, selbst wenn sie sagten, dass sie zum Zeitpunkt der Hochzeit glücklich waren. Dieses Gefühlsgebilde könnte so auch auf diejenigen zutreffen, die sich nur schwer an ihre Träume erinnern können. Wenn die Erinnerungen an vergangene Träume nicht zugänglich sind, geht man davon aus, dass dies durch den augenblicklichen Zustand begründet wird.

VERBESSERN SIE IHR TRAUMGEDÄCHTNIS

Hier sind einige Tipps, die Ihnen dabei helfen können:

Führen Sie ein Traumtagebuch, das an Ihrem Bett liegen sollte. Sobald Sie aufwachen oder sich an einen Traum erinnern, schreiben Sie ihn so detailliert wie möglich auf, auch Bilder, Gefühle, gesprochene Worte. Die Technik muss sich entwickeln, verlieren Sie nicht die Geduld, wenn Sie anfangs nur wenig erinnern. Halten Sie Ihren emotionalen Zustand fest und auch Dinge oder Menschen, die Sie beschäftigen sowie die Qualität Ihres Schlafes. Suchen Sie nach Mustern und wiederkehrenden Themen. Schreiben Sie auch mitten in der Nacht oder sprechen Sie Ihre Erinnerungen in ein Aufnahmegerät.

Bleiben Sie 15 Minuten nach dem Aufwachen ganz entspannt im Bett liegen, das kann der Erinnerung helfen.

Üben Sie das Meditieren und Entspannungstechniken, um an Ihrem Unterbewusstsein zu rühren.

Seien Sie entschlossen, Ihre Träume nach dem Erwachen noch zu erinnern.

Visualisieren Sie Ihre Träume.

Lassen Sie den Wecker öfter klingeln, um Ihre Gehirnaktivität auf hohem Niveau zu halten. Es ist schwerer, sich an Träume zu erinnern, wenn ein Schlafzyklus bereits abgeschlossen ist oder wir wach wurden und wieder in Tiefschlaf gefallen sind. Bei einem wiederholten Wecken kann es sein, dass Sie gerade in einer Traumphase waren, die Sie schnell aufschreiben. Diese Methode könnte zwar Ihr Traumgedächtnis in Schwung bringen, aber auch zu Symptomen von Schlafentzug führen, siehe Seiten 152–153.

Das Wichtigste ist, dass Sie ein Bewusstsein schaffen, indem Sie kontinuierlich die oben aufgeführten Übungen praktizieren.

Albträume

Träume, und besonders die schlimmen, helfen uns zu erkennen, was uns psychologisch beschäftigt. Die Träume können dazu dienen, Probleme zu verarbeiten, können aber auch Hinweise sein, wie wir unsere augenblicklichen Konflikte zu lösen haben.

TAUCHEN IHRE TRÄUME HIER AUF?

Es ist noch nicht geklärt, auf welche Art Träume mit der Realität verbunden sind, aber Psychologen arbeiten daran. Eins der berühmtesten Bücher darüber ist die *Traumdeutung* von Sigmund Freud.

Schauen Sie doch mal, ob Sie etwas über Ihre Träume herausfinden. Unten stehen Themen und ihre Zuordnungen. Das ist zwar nicht exakt, aber versuchen Sie, das Gefühl im Traum wiederzufinden und achten Sie auf ähnliche Gefühle im Wachzustand.

Traum 1 Sie träumen öfter, dass Sie verfolgt oder angegriffen werden.
Traum 2 Sie stehen auf einer Bühne und haben Ihren Text vergessen oder sind auf einen Test nicht vorbereitet.
Traum 3 Sie sind unsichtbar oder brauchen Hilfe und keiner bemerkt Sie.
Traum 4 Sie fallen.
Traum 5 Es gibt einen Unfall oder ein Unglück.
Traum 6 In Ihrem Traum werden Sie verletzt.
Traum 7 Sie suchen nach jemandem oder etwas, den / das Sie nicht finden.

Deutung 1 Verfolgung und Angriff stehen für einen Teil von Ihnen, den Sie in letzter Zeit vernachlässigt haben, unterdrückte Gefühle oder einen Teil Ihrer Vergangenheit, den Sie nicht abgeschlossen haben.
Deutung 2 Suchen Sie nach Aspekten Ihres Leben, bei denen Sie sich unwohl fühlen oder die Ihnen peinlich sind.
Deutung 3 Glauben Sie, Sie hinterlassen keinen Eindruck in der Welt oder dass Sie nicht genügend respektiert werden?
Deutung 4 Zwingt Ihre Verantwortung Sie in die Knie? Fühlen Sie sich alleingelassen oder nicht verwurzelt?
Deutung 5 Ist etwas außerhalb Ihres Könnens oder Ihrer Kontrolle? Sind Sie überfordert?
Deutung 6 Fühlen Sie sich schuldig, vernachlässigen Sie etwas (nicht Ihren Körper)?
Deutung 7 Sind Sie unzufrieden?

KONTROLLE ÜBER TRÄUME = KONTROLLE IM LEBEN

So wie die Traumdeutung schwierig ist, ist es auch nicht leicht, zu sagen, wie das träumende und wachende Ich zueinander stehen. Es gibt aber Stimmen, die sagen, dass man sein waches Leben besser in den Griff bekommt, wenn man auf seine Träume hört, wodurch sich auch die Traumqualität erhöht.

Mit den folgenden Techniken aus „Verbessern Sie Ihr Traumgedächtnis", Seite 159, begegnen Sie Ihrer Traumwelt mit mehr Aufmerksamkeit:

1. Stellen Sie bewusst eine Beziehung zu Ihrem träumenden Ich her.
2. Praktizieren Sie das jedes Mal vor dem Einschlafen – erst nur kurz, dann längere Zeit.
3. Schaffen Sie eine friedliche Atmosphäre mit dämmrigem Licht oder auch Kerzen.
4. Wählen Sie ein Thema aus, das Sie beschäftigt. Konzentrieren Sie sich darauf und auf die Gedanken, die Ihnen dazu durch den Kopf gehen.
5. Erschaffen Sie geistige Bilder zu dem Thema. Sie können auch Fotos oder Zeitungsausschnitte sammeln, alles, was einen Bezug hat. Schauen Sie sich die Gegenstände an oder konzentrieren Sie sich mit geschlossenen Augen darauf.
6. Sie brauchen Entschlossenheit. Stellen Sie sich vor, dass Sie die Kontrolle übernehmen, sehen Sie, wie Sie aktiv werden, wie Sie Gespräche führen. Übernehmen Sie die Führung in der Realität und im Traum. Saßen Sie im Traum letzte Nacht in einer untergehenden Kiste, so visualisieren Sie sich, wie sie aus der Kiste herausbrechen und zur Ziellinie eines Triathlons schwimmen. Sehen Sie vor Ihrem geistigen Auge, wie die Dinge sind, wenn sich etwas geändert hat.
7. Übungen zur tiefen Atmung oder die Anleitung der Entspannungsreaktion (s. Seite 143) können verstärkend wirken.
8. Stellen Sie sich vor, wie Ihr träumendes Selbst in den Träumen die Kontrolle übernimmt und halten Sie die gewünschten Ergebnisse fest.
9. Widmen Sie sich diesem Prozess. Gehirn und menschliche Erfahrung sind geheimnisvolle und komplexe Welten, die wir nutzen können, um unseren Willen und unsere Absichten durchzusetzen.
10. Träumen Sie süß!

Profil

Stanley Coren

Der Psychologe Stanley Coren hat sich intensiv mit Schlafgewohnheiten und den desaströsen Auswirkungen in unserer schlafberaubten Gesellschaft beschäftigt. Er widerspricht der allgemeinen modernen Einstellung, dass Schlafmangel lediglich etwas unangenehm ist und sagt, dass fortgesetzter Schlafmangel einen tiefgreifenden und schlechten Einfluss auf die Effizienz und Leistungsfähigkeit der Menschen ausübt. In dem Buch *Die unausgeschlafene Gesellschaft* führt er faszinierend aus, wie durch falsche Informationen und daraus resultierenden ungesunden Schlafgewohnheiten Schäden entstehen.

Laut Coren benötigen Erwachsene 8 bis 10 Stunden Schlaf pro 24 Stunden. Das sei das natürliche Verhältnis, wenn es keine Einwirkung durch künstliche Lichtquellen oder den arktischen Sommer gibt, wenn die Sonne nicht untergeht. In den meisten Industriegesellschaften beträgt die durchschnittliche Schlafdauer 7 bis 7,5 Stunden. Coren hat auch die Theorie der kumulativen Schlafschuld aufgestellt, die sich mit jedem Schlafmangel vergrößert.

Schlafende Babys

Coren sagt, dass ein neugeborenes Baby 16 bis 20 Stunden am Tag in sehr aktivem und lebhaftem Schlaf verbringt. Man nimmt an, dass Neugeborene während der Hälfte ihrer Schlafzeit träumen. Das fanden Forscher erstaunlich, denn Träume sollen ja das Gedächtnis stärken und Begebenheiten vom Tag verarbeiten. Was hat dann ein kleines Baby, das nur wenige wache Stunden erlebt, alles zu verarbeiten? Die Windelwechsel? Coren antwortet darauf mit dem Hinweis, dass Babys in der 25. Schwangerschaftswoche fast die ganze Zeit träumen. Man nimmt an, dass die Träume in dem öden Umfeld der Gebärmutter das Gehirn stimulieren sollen und der Entwicklung des Gehirngewebes dienlich sind. Träume trainieren die Sinne des Babys, damit der Eintritt in die Welt nicht zu schockierend verläuft.

Die Umstellung auf die Sommerzeit ist ein unnatürlicher und wesentlicher Einschnitt in unseren Schlafzyklus. Eine Studie von Coren zeigt, dass die Zahl der Verkehrsunfälle um 7 Prozent, die der Industrieunfälle um 6 Prozent in den Tagen nach der Zeitumstellung steigen.

VERSTÖRENDE GESCHICHTEN ÜBER DEN SCHLAFMANGEL

In seinem Buch *Die unausgeschlafene Gesellschaft* präsentiert Stanley Coren einige Fallstudien, in denen Schlafmangel überraschend tiefgreifende Auswirkungen hat. Hier sind einige kurze Beispiele:

Schlaflos im OP

Bis vor Kurzem war es normal, dass Assistenzärzte regelmäßig 100 Stunden die Woche im Dienst waren, bei Schichten von 24 bis 36 Stunden. 1995 wurde Joseph Verbrugge Jr. in Denver wegen Totschlags verurteilt. Er musste sich für den Tod eines 8-jährigen Jungen während einer Routineoperation am Ohr verantworten. Zeugen berichteten, dass Dr. Verbrugge mehrere Male im OP einschlief, einmal schlief er sogar 20 Minuten lang. Daher bemerkte er auch nicht die alarmierenden Veränderungen in den Vitalwerten des Jungen.

Fernfahrer

Coren sprach auch mit dem LKW-Fahrer Joe, der erzählte, dass er bei seinen Einsätzen 2 bis 3 Wochen am Stück fuhr, quer durch die USA, und dabei bis zu 900 Meilen am Tag zurücklegte. Manchmal gab es bei früherer Ankunft extra Geld, manchmal Strafen für zu späte Lieferung. Sein schlimmstes Erlebnis hatte Joe auf dem flachen Land in Utah, als die Straße plötzlich holprig wurde. Er sah die weiße Linie nicht mehr, vermutete Bauarbeiten und fuhr weiter. Schließlich blieb er stehen, stieg aus und starrte in die Dunkelheit. Er sah nichts, so legte er sich in der Fahrerkabine schlafen. Joe erwachte von blinkenden Lichtern. An seiner Tür stand ein Polizist. Ein Polizeihubschrauber hatte seinen LKW entdeckt, 10 Meilen vom Highway entfernt, mitten im Nichts. Joe vermutete, dass er eingeschlafen und weitergefahren war. Die flache Landschaft gab keinen Anhalt auf die Richtung, in der der Highway lag. Es passiert häufig, dass Personen sich in der Wüste verirren und nicht mehr herausfinden. Irgendwann wäre ihm auf der Suche nach dem Highway vielleicht der Treibstoff ausgegangen.

Edisons Fluch

Dass wir als Gesellschaft weniger schlafen als früher, ist ursächlich auf die Erfindung der Glühbirne zurückzuführen. Edison hat ja auch damit geprahlt, dass er nie mehr als vier oder fünf Stunden schlief und überzeugt war, dass jeder, der mehr schlief, faul war.

Gesunder Schlaf

Gehören Sie zu denen, die morgens auf die Schlummertaste drücken? Dann bekommen Sie nicht genug Schlaf. Sie lachen? Wenn Sie ausreichend Schlaf bekommen, erwachen Sie von selbst und ausgeruht. Das mag heute wie Fantasterei klingen, so sollte es aber eigentlich sein.

Die Geschichte des Schlafs

Lange hat man geglaubt, dass der Schlaf eine kompakte Einheit ist, in der Körper und Hirn ausgeschaltet sind, damit wir ausruhen können. In den letzten Jahrzehnten hat man herausgefunden, dass der „Körper" schläft, während das Gehirn äußerst aktiv ist und dass bestimmte Dinge in den Schlafphasen geschehen: Einige geben uns Energie und Konzentration für den nächsten Tag, andere regulieren die Stimmung. Wachstumshormone werden freigesetzt, die Kinder wachsen lassen. Sie sorgen für den Aufbau von Muskelmasse und Zell- und Gewebereparatur bei Kindern und Erwachsenen. Andere Hormone, deren Ausschüttung im Schlaf besonders groß ist, bekämpfen Infektionen, was erklärt, dass wir oft ein ausgeprägtes Schlafbedürfnis haben, wenn wir krank sind und warum ein gesundes Schlafverhalten gesundheitsfördernd ist. Die im Schlaf freigesetzten Hormone bestimmen, wie unser Körper Energie umsetzt: Menschen, die sehr wenig schlafen, neigen zu Übergewicht oder Fettleibigkeit, bekommen eher Diabetes und essen gerne kalorien- und kohlehydratreich.

Die extra Stunde, die Sie aufbleiben, um zu arbeiten, zu putzen, zu feiern oder für einen Test zu lernen, kann Sie sehr viel mehr kosten, als Sie denken.

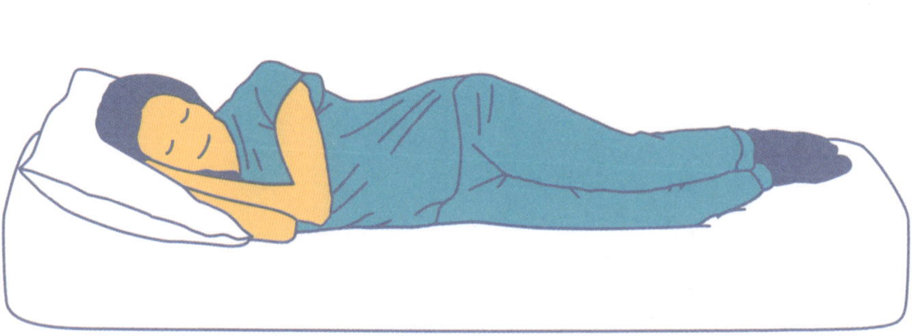

WIE MAN GUT SCHLÄFT

Erstellen Sie einen Plan: Unser Schlaf-Wach-Rhythmus wird durch die innere „Uhr" in unserem Gehirn geregelt. Leute mit regelmäßigen Schlafgewohnheiten wachen häufig ein, zwei Minuten vor dem Klingeln auf. Behält man denselben Zeitplan auch am Wochenende bei, schläft man nachts auch eher rechtzeitig ein und stärkt die Schlafzyklen, was die Schlafqualität insgesamt verbessert.

Bereiten Sie sich vor: Entspannen Sie sich vor dem Schlafengehen. Einige Techniken haben wir schon aufgeführt, weitere sind Kräutertees, warme Milch, Yoga, Meditation, ein heißes Bad. Die Entspannung sollte bei gedämpftem Licht stattfinden, um dem Gehirn zu signalisieren, dass die Ruhezeit angebrochen ist.

Keine Bettgespräche mehr: Vermeiden Sie anregende Dinge vor dem Schlafen wie aufregende Fernsehshows, intensives Lesen, oder emotional angeregte Gespräche.

Erziehen Sie sich: Straßenlärm und -beleuchtung oder ein Schnarcher können den Eintritt in den Tiefschlaf erschweren. Versuchen Sie es mit Ohrstöpseln, anfangs etwas schwierig, aber man gewöhnt sich daran, auch Schlafmasken oder ein Geräuscherzeuger (der andere Geräusche ausblendet) eignen sich gut. Damit blenden Sie externe Aktivitäten aus und können besser schlafen.

Nicht auf die Uhr sehen: Dadurch entsteht leicht die Beklemmung, nicht genug Schlaf zu bekommen. Das macht es schwer, einzuschlafen.

Das Bett ist nur zum Schlafen da.

Sport, aber nicht später als drei Stunden vor dem Schlafengehen.

Kein Koffein oder anregende Stoffe vorm Zubettgehen. Sie können sich auf das Schlafmuster auswirken, auch wenn Sie im Wachen nichts spüren. Alkohol gilt zwar als beruhigend, sollte aber nicht vor dem Zubettgehen konsumiert werden, da er den Tiefschlaf verhindert. Essen Sie vorm Schlafen keine schweren und großen Mahlzeiten.

Übung 8

Schlaf

DAS PROBLEM:

Johnny studiert Psychologie, während er gleichzeitig viele Stunden als Kellner arbeitet. Er gleicht seinen neuesten Dienstplan mit seinem Stundenplan ab – das wird haarig, aber er ist flexibel. Johnny weiß, dass er Entscheidungen treffen muss, die seinen Schlaf betreffen. Sollte er besser nicht nachts arbeiten und die Zeit lieber für nächtliche Studien nutzen? Montags hat er Klavierstunde. Sollte er sie am Nachmittag oder lieber am Abend nehmen? Dann gibt es noch zwei Lerngruppen fürs Studium – nimmt er besser Donnerstagnachmittag oder Donnerstagabend?

DIE METHODE:
Wir wissen seit Seite 152, dass Schlaf extrem wichtig fürs Lernen ist. Johnny tut also gut daran, sorgfältig zu überlegen. Der Schlaf festigt Tatsachenmaterial und Kenntnisse, die tagsüber gelernt wurden. Es gibt Hinweise darauf, dass der Schlaf auch Einfluss auf die Lernfähigkeit am nächsten Tag hat.

In einer Studie aus dem Jahr 2009 testete Ysbrand van der Werf an Studenten, was geschieht, wenn jemand jedes Mal, wenn er in eine Tiefschlafphase gelangt, mit einem Piepen geweckt wird. Die eigentliche Schlafdauer dieser Studenten war genauso lang wie die der Vergleichsgruppe, aber man nahm ihnen die wichtigen Tiefschlafphasen. Am folgenden Tag konnten sich diese Studenten nicht so viele Bilder von Häusern und Landschaften merken wie die andere Gruppe. Dennoch mag es für einen so beschäftigten Studenten wie Johnny verführerisch sein, die nächtlichen Stunden mit Studieren zu füllen.

Zu Klavierspielen und Stoffwiederholung gibt es auch Forschungen. Johnny sollte wissen, dass das Klavierspielen zum prozeduralen Lernen zählt (wie Fahrradfahren), wohingegen die Studienstunde sich wahrscheinlich ums Lernen von Fakten dreht, was dem deklarativen Gedächtnis zugeordnet wird.

DIE LÖSUNG:

Nach einer Studie von Johannes Holz aus dem Jahr 2012 ist klar, dass Johnny seine Klavierstunde auf Montagabend und das Lernen auf Donnerstagnachmittag legen sollte. Holz untersuchte die Leistung von Mädchen bei einer Fingerklopfübung und beim Vokabeln lernen. Die Mädchen, die das Klopfen direkt vorm Zubettgehen lernten, waren nach 24 Stunden und nach 7 Tagen besser darin, als die Mädchen, die nachmittags gelernt hatten. Im Gegensatz dazu wussten die Mädchen, die die Wortpaare am Nachmittag gelernt hatten, aber mehr davon, als sie 24 Stunden später getestet wurden. Das heißt, dass das Lernen von Fakten, aber nicht die prozeduralen Fähigkeiten, besser funktioniert, wenn zwischen Lernen und Festigung im Schlaf einige Zeit liegt.

Und das späte Kellnern oder Lernen? Wenn es geht, sollte Johnny nachts nicht als Kellner arbeiten, aber auch nicht die Nase in die Bücher stecken, weil das Einfluss auf seine Denkfähigkeit am nächsten Tag hat. Dafür braucht er nämlich genügend Schlaf. Dazu gibt es eine Studie, die 2012 von Psychologen in Los Angeles durchführt wurde, und die sich mit den Lerngewohnheiten von Hunderten von Studenten befasst. Cari Gillen-O'Neel fand heraus, dass das nächtliche Lernen mit Verzicht auf Schlaf zu Lasten der akademischen Leistungen am folgenden Tag geht. Wenn Johnny mehr Zeit aufs Studium anwenden möchte, sollte er lieber seine Tagesaktivitäten reduzieren und nicht auf den überaus wichtigen Schlaf verzichten.

Register der Psychologen

Register

Literaturhinweise

In diesem Buch wurde fast durchgängig auf Literaturhinweise verzichtet, damit das flüssige Lesen darunter nicht leidet. Die Hinweise auf verwendete und weitere Literatur sind nach den Kapiteln aufgeführt, in denen sie erscheinen.

Kapitel 1: Wahrnehmung und Handlung

Milner, A.D., Perrett, D.I., Johnston, R.S., Benson, P.J., Jordan, T.R., Heeley, D.W., Bettucci, D., Mortara, F., Mutani, R., Terazzi, E., und Davidson, D.L.W. (1991). Perception and Action in Visual Form Agnosia. *Brain*, 114, 405–428.

Yarrow, K., Haggard, P., Heal, R., Brown, P., und Rothwell, J.C. (2001). Illusory Perceptions of Space and Time Preserve Cross-Saccadic Perceptual Continuity. *Nature*, 414, 302–305.

Zihl, J., von Cramon, D., und Mai, N. (1983). Selective Disturbance of Movement Vision After Bilateral Brain Damage. *Brain*, 106, 313–340.

Freyd, J.J. und Finke, R.A. (1984). Representational Momentum. *Journal of Experimental Psychology: Learning, Memory & Kognition*, 10, 126–132.

Romi Nijhawan. (2002). Neural Delays, Visual Motion and the Flash-Lag Effect. *Trends in Cognitive Sciences*, 6, 387–393.

Guéguen, N. (2007). Courtship Compliance: The Effect of Touch on Women's Behaviour. *Social Influence*, 2, 81–97.

Lewald, J. (2007). More Accurate Sound Localisation Induced by Short-Term Light Deprivation. *Neuropsychologia*, 45, 1215–1222.

Willich, S.N., Wegscheider, Stallman, M., und Keil, T. (2006). Noise Burden and the Risk of Myocardial Infarction. *European Heart Journal*, 27, 276–282.

McGurk, H. & MacDonald, J. (1976). Hearing Lips and Seeing Voices. *Nature*, 264, 746–748.

Sacks, O. (1991). *Seeing Voices: A Journey into the Land of the Deaf.* London: Picador.

Blakemore, S-J., Wolpert, D.M., und Frith, C.D. (1998). Central Cancellation of Self-Produced Tickle Sensation. *Nature Neuroscience*, 1, 635–640.

Libet B., Gleason C.A., Wright E.W., und Pearl D.K. (1983). Time of Conscious Intention to Act in Relation to Onset of Cerebral Activity (Readiness–Potential). The Unconscious Initiation of a Freely Voluntary Act. *Brain*, 106, 623–642.

Ward, J. (2003). State of the Art—Synaesthesia. *The Psychologist*, 16, 196–199.

Lehrer, J. (2007). Blue Monday, Green Thursday. *New Scientist*, 194, 48–51.

Simner, J. und Ward, J. (2006). The Taste of Words on the Tip of the Tongue. *Nature*, 444, 438.

Ramachandran, V.S., Rogers-Ramachandran, D.C., und Stewart, M. (1992). Perceptual Correlates of Massive Cortical Reorganization. *Science*, 258, 1159–1160.

Ramachandran, V.S., Rogers-Ramachandran, D.C., und Cobb, C. (1995). Touching the Phantom. *Nature*, 377, 489–490.

Kapitel 2: Gedächtnis

Kandel, E.R. und Schwartz, J.H. (1982). Molecular Biology of Learning: Modulation of Transmitter Release. *Science*, 218, 433–443.

Miller, G. A. (1956). The Magical Number Seven, Plus or Minus Two: Some Limits on Our Capacity for Processing Information. *Psychological Review*, 63, 81–97.

Conchiglia, G., Rocca, G.D., und Grossi, D. (2007). On a Peculiar Environmental Dependency Syndrome in a Case with Frontal-Temporal Damage: Zelig-Like Syndrome. *Neurocase*, 13, 1–5.

Tests For "Face-blindness" Reveal Disorder May Not Be So Rare. März 25, 2008 www.sciencedaily.com

Lewis, M.B. (2006). Eye-Witnesses Should not do Cryptic Crosswords Prior to Identity Parades. *Perception*, 35, 1433–1436.

Vince, G. Rewriting Your Past. *New Scientist*, 188, 32–35.

Vaiva, G., Ducrocq, F., Jezequel, K., Averland, B., Lestavel, P., Brunet, A., und Marmar, C.R. (2003). Immediate Treatment with Propranolol Decreases Postraumatic Stress Disorder Two Months After Trauma. *Biological Psychiatry*, 54, 947–949.

Brunet, A., Orr, S.P., Tremblay, J., Robertson, K., Nader, K., und Pitman, R.K. (2008). Effect of Post-Retrieval Propranolol on Psychophysiologic Responding During Subsequent Script-Driven Traumatic Imagery in Post-Traumatic Stress Disorder. *Journal of Psychiatric Research*, 42, 503–506.

Maguire, E.A., Valentine, E.R., Wilding, J.M. & Kapur, N. (2002). Routes to Remembering: The Brains Behind Superior Memory. *Nature Neuroscience*, 6, 90 – 95.

Wilson, R.S., Mendes de Leon, C.F., Barnes, L.L., Schneider, J.A., Bienias, J.L., Evans, D.A., und Bennett, D.A. (2002). Participation in Cognitively Stimulating Activities and Risk of Incident Alzheimer Disease. *JAMA*, 287, 742–748.

Keetley, V., Wood, A.W., Spong, J., und Stough, C. (2006). Neuropsychological Sequelae of Digital Mobile Phone Exposure in Humans. *Neuropsychologia*, 44, 1843–1848.

Parker, A., und Dagnall, N. (2007). Effects of Bilateral Eye Movements on Gist Based False Recognition in the DRM Paradigm. *Brain and Kognition*, 63, 221–225.

Jyoo, S-S., Hu, P.T., Gujar, N., Jolesz, F.A., und Walker, M.P. (2007). A Deficit in the Ability to Form New Human Memories Without Sleep. *Nature Neuroscience*, 10, 385–392.

Sahakian, B. und Morein-Zamir, S. Professor's Little Helper. *Nature* 450, 1157–1159.

Hamani, C., McAndrews, M.P., Cohn, M., Oh, M., Zumsteg, D., Shapiro, C.M., Wennberg, R.A., und Lozano, A.M.. (2008). Memory Enhancement Induced by Hypothalamic/Fornix Deep Brain Stimulation. *Annals of Neurology*, 63, 119–123.

Rohrer, D. und Pashler, H. (2007). Increasing Retention Time Without Increasing Study Time. Current Directions in *Psychological Science*, 16, 183–186.

Wildschut, T., Sedikides, C., Arndt, J., und Routledge, C. (2006). Nostalgia: Content, Triggers, Functions. *Journal of Personality and Social Psychology*, 91, 975–993.

Routledge, C., Arndt, J., Sedikides, C., und Wildschut, T. (2007). A Blast From the Past: The Terror Management Function of Nostalgia. *Journal of Experimental Social Psychology*, 44, 132–140.

Peterson, C., Grant, V.V. & Boland, L.D. (2005). Childhood Amnesia in Children and Adolescents: Their Earliest Memories. *Memory*, 13, 622–637.

Neimark, J. (1996). The Diva of Disclosure, Memory Research Elizabeth Loftus. *Psychology Today*, 29, 48–54.

Bernstein, D.M., Laney, C., Morris, E.K., und Loftus, E.F. (2005). False Beliefs About Fattening Foods Can Have Healthy Consequences. *Proceedings of the National Academy of Sciences*, USA, 102, 13724–13731.

Manning, C. G. (2000). Imagining Inflation with Post-Test Delays: How Long Will It Last? Dissertation, University of Washington.

Kapitel 3: Kognition

Riis, J., Loewenstein, G., Baron, J., Jepson, C., Fagerlin, A., und Ubel, P.A. (2005). Ignorance of Hedonic Adaptation to Hemodialysis: A Study Using Ecological Momentary Assessment. *Journal of Experimental Psychology: General*, 134, 3–9.

Myers, D.G. (2002). *Intuition: Its Powers and Perils*. New Haven: Yale University Press.

Small, D.A., Loewenstein, G., und Slovic, P. (2007). Sympathy and Callousness: The Impact of Deliberative Thought on Donations to Identifiable and Statistical Victims. Organisational Behaviour and Human Decision Processes, 102, 143–153.

Geier, A.B., Rozin, P., und Doros, G. (2006). Unit Bias. A New Heuristic that Helps Explain the Effect of Portion Size on Food Intake. *Psychological Science*, 17, 521–525.

Alter, A., und Oppenheimer, D.M. (2006). Predicting Short-Term Stock Fluctuations by Using Processing Fluency. *Proceedings of the National Academy of Sciences*, USA, 103, 9369–9372.

Gregory, R.L. (Ed.) (2004). *Oxford Companion to the Mind*. Oxford: Oxford University Press Books.

Flynn, J.R. (2007). Solving the IQ puzzle. *Scientific American Mind*, 18, 24–31.

Avenanti, A., Bueti, D., Galati, G., und Aglioti, S.M. (2005). Transcranial Magnetic Stimulation Highlights the Sensorimotor Side of Empathy for Pain. *Nature Neuroscience*, 8, 955–960.

Gordon, P. (2004). Numerical Kognition Without Words: Evidence from Amazonia. *Science*, 306, 496–499.

Dehaene, S., Izard, V., Pica, P., und Spelke, E. (2006). Core Knowledge of Geometry in an Amazonian Indigene Group. *Science*, 311, 381–384.

Hespos, S.J. und Spelke, E.S. (2004). Conceptual Precursors to Language. *Nature*, 430, 453–456.

Spinney, L. (2007). The Science of Swearing. *New Scientist*, 196, 51–53.

Kho, K.H., Duffau, H., Gatignol, P., Leijten, F.S.S., Ramsey, N.F., van Rijen, P.C., und Rutten, G-J.M. (2007). Involuntary Language Switching in Two Bilingual Patients During the Wada Test and Intraoperative Electrocortical Stimulation. *Brain and Language*, 101, 31–37.

Atkin, K. und Lorch, M.P. (2006). Hyperlexia in a 4-Year-Old Boy with Autistic Spectrum Disorder. *Journal of Neurolinguistics*, 19, 253–269.

Beilin, H. (1992). Piaget's Enduring Contribution to Developmental Psychology. *Developmental Psychology*, 28, 191–204.

Bowden, E.M., Jung-Beemana, M., Fleck, J., und Kounios, J. (2005). New Approaches to Demystifying Insight. *Trends in Cognitive Science*, 9, 322–328.

Kadosh, R.C., Kadosh, K.C., Schuhmann, T., Kaas, A., Goebel, R., Henik, A., und Sack, A.T. (2007). Virtual Dyscalculia Induced by Parietal-Lobe TMS Impairs Automatic Magnitude Processing. *Current Biology*, 17, 1–5.

Dehaene, S., Bossini, S., und Giraux, P. (1993). The Mental Representation of Parity and Number Magnitude. *Journal of Experimental Psychology: General*, 122, 371–396.

Kapitel 4: Affekt

Ellis, H.C. und Ashbrook, P.W. (1991). *In Mood and memory: theory, research, and applications*, London: Sage Publications

Blaney, P.H. (1986). Affekt and Memory: A Review. *Psychology Bulletin*, 99, 229–246.

Thayer, R.E. (1989). *The Biopsychology of Mood and Arousal*. New York: Oxford University Press.

Thayer, R.E. (1996). *The Origin of Everyday Moods*. New York: Oxford University Press.

Gilbert, D.T., Pinel, E.C., Wilson, T.D., Blumberg, S.J., und Wheatley, T.P. (1998). Immune neglect: A Source of Durability Bias in Affective Forecasting. *Journal of Personality and Social Psychology*, 75, 617–638.

Wilson, T.D. (2002). *Strangers to Ourselves: Discovering the Adaptive Unconscious*. Cambridge, Mass: Harvard University Press.

Ellis, A. und Dryden, W. (2007). *The Practice of Rational Emotive Behavior Therapy*. New York: Springer Publishing.

Beck, A.T., (1975). *Cognitive Therapy and the Emotional Disorders*. Madison: Inernational Universities Press.

Erfani, A., Erfanian, A. (2004). The Effects of Mental Practice and Concentration Skills on EEG Brain Dynamics During Motor Imagery Using Independent Component Analysis. *Engineering in Medicine and Biology Society – 26th Annual International Conference of the IEEE*, 1–5, 239–242.

Csíkszentmihályi, M. (2008). *Flow: The Psychology of Optimal Experience*. New York: Harper.

Leppanen, J.M. (2004). *Emotion-Kognition Interaction in Recognizing Facial Expressions*. Tampere, Finaland: Tampere University Press.

Sprengelmeyer, R., Young, A.W., Calder, A.J., Karnat, A., Lange, H., Homberg, V., Perrett, D.I., und Rowland, D. (1996). Perception of Faces and Emotions: Loss of Disgust in Huntington's Disease. *Brain*, 119, 1647–1665.

Abrahamson, L.Y., Seligman, M.E.P., und Teasdale, J.D. (1978). Learned Helplessness in Humans: Critique and Reformulation. *Journal of Abnormal Psychology*, 87, 49–74.

Hamachek, D.E. (1978). Psychodynamics of Normal and Neurotic Perfectionism. *Psychology*, 15, 27–33.

Eich, E. und Suedfeld, P. (1995). Autobiographical Memory and Affect Under Conditions of Reduced Stimulation. *Journal of Environmental Psychology*. 15, 321–326.

Jacob, S., McClintock, M. K., Zelano, B., und Ober, C. (2002). Paternally Inherited HLA Alleles are Associated With Women's Choice of Male Odor. *Nature Genetics*, 30, 175–179.

Mehrabian, A. (1971). *Silent Messages*. Belmont: Wadsworth.

Marazziti, D., Akiska, H.S., Rossi, A., und Cassano, G.B. (1999). Alteration of the Platelet Serotonin Transporter in Romantic Love. *Psychological Medicine*, 29, 741–745.

Watson, J. B. (1913). Psychology as the Behaviorist Views It. *Psychological Review*, 20, 158–177.

Blum, D. (2003). *Love at Goon Park: Harry Harlow and the Science of Affection*. New York: John Wiley & Sons.

Ayduk, O., Downey, G., und Kim, M., (2001). Rejection Sensitivity and Depressive Symptoms in Women. *Personality and Social Psychology Bulletin*, 7, 868–877.

Mayer, J.D. und Salovey, P. (1997). What is Emotional Intelligence? In P. Salovey und D.J. Sluyter (Eds.) *Emotional Development and Emotional Intelligence*. New York: Basic Books.

Lazarus, R., Bernice, N. (1994). *Passion and Reason: Making Sense of Our Emotions*. New York: Oxford University Press.

Kapitel 5: Das soziale Selbst

Tajfel, H., Flament, C., Billig, M.G., und Bundy, R.P. (1971). Social Categorisation and Intergroup Behaviour. *European Journal of Social Psychology*, 1, 149–178.

Jones, D. (2007). The Depths of Disgust. *Nature*, 447, 768–771.

Harris, L.T. und Fiske, S.T. (2006). Dehumanising the Lowest of the Low. Neuroimaging Responses to Extreme Out-Groups. *Psychological Science*, 17, 847–853.

Milgram, S. (1963). Behavioral Study of Obedience. *Journal of Abnormal and Social Psychology*, 67, 371–378.

Slater, M., Antley, M., Davison, A., Swapp, D., Guger, C., Barker, C., Pistrang, N., und Sanchez-Vives, M.V. (2006). A Reprise of the Stanley Milgram Obedience Experiments. *PloS One*, 1, 39.

Diehl, M. und Stroebe, W. (1987). Productivity Loss in Brainstorming Groups: Toward the Solution of a Riddle. *Journal of Personality and Social Psychology*, 53, 497–509.

Nijstad, B.A., Stroebe, W., und Lodewijkx, H.F.M. (2006). The Illusion of Group Productivity: A Reduction of Failures Explanation. *European Journal of Social Psychology*, 36, 31–48.

Fay, D., Borrill, C., Amir, Z., Haward, R., und West, M.A. (2006). Getting the most out of multidisciplinary teams: A Multi-Sample Study of Team Innovation in Health Care. *Journal of Occupational and Organizational Psychology*, 79, 553–567.

Nemeth, C.J. und Ormiston, M. (2007). Creative Idea Generation: Harmony Versus Stimulation. *European Journal of Social Psychology*, 524–535.

Laughlin, P.R., Hatch, E.C., Silver, J.S., und Boh, L. (2006). Groups Perform Better Than the Best Individuals on Letters-to-Numbers Problems: Effects of Group Size. *Journal of Personality and Social Psychology*, 90, 644–651.

Choi, H-K. und Thompson, L. (2005). Old Wine in a New Bottle: Impact of Membership Change on Group Creativity. *Organisational Behaviour and Human Decision Processes*, 98, 121–132.

Maddux, W.W., Mullen, E., und Galinsky, A.D. (2008). Chameleons Bake Bigger Pies and Take Bigger Pieces: Strategic Behavioural Mimicry Facilitates Negotiation Outcomes. *Journal of Experimental Social Psychology*, 44, 461–468.

van Baaren, R.B., Holland, R.W., Kawakami, K., und van Knippenberg, A. (2004). Mimicry and Prosocial Behaviour. *Psychological Science*, 15, 71–74.

Wu, S. und Keysar, B. (2007). The Effect of Culture on Perspective Taking. *Psychological Science*, 18, 600–606.

Leung, A.K.-Y. und Cohen, D. (2007). The Soft Embodiment of Culture: Camera Angles and Motion Through Time and Space. *Psychological Science*, 18, 824–830.

Hedden, T., Ketay, S., Aron, A., Markus, H.R., und Gabrieli, J.D.E. (2008). Cultural Influences on Neural Substrates of Attentional Control. *Psychological Science*, 19, 12–17.

Kaplan, R.M. und Kronick, R.G. (2006). Marital Status and Longevity in the United States Population. *Journal of Epidemiology and Community Health*, 60, 760–765.

Sedikides, C. und Kumashiro, M. (2005). On the Resource Function of Relationships: Close Positive Relationships as a Dissonance Reduction Mechanism. nicht veröffentlicht. University of Southampton.

Oswald, D.L. und Clark, E.M. (2003). Best Friends Forever?: High School Best Friendships and the Transition to College. *Personal Relationships*, 10, 187–196.

Slatcher, R.B. und Pennebaker, J.W. (2006). How do I Love Thee? Let Me Count the Words. The Social Effects of Expressive Writing. *Psychological Science*, 17, 660–664.

Sprecher, S. (2001). Equity and Social Exchange in Dating Couples: Associations with Satisfaction, Commitment, and Stability. *Journal of Marriage and the Family*, 63, 599–613.

Gottman, J.M., Coan, J., Carrere, S., und Swanson, C. (1998). Predicting Marital Happiness and Stability from Newlywed Interactions. *Journal of Marriage and the Family*, 60, 5–22.

Bechara, B., Damásio, H., Tranel, D., und Damásio, A.R. (1997). Deciding Advantageously Before Knowing the Advantageous Strategy. *Science*, 275, 1293–1295.

Koenigs, M., Young, L., Adolphs, R., Tranel, D., Cushman, F., Hauser, M., und Damásio, A. (2007). Damage to the Prefrontal Cortex Increases Utilitarian Moral Judgements. *Nature*, 446, 908–911.

Baron-Cohen, S. (2008). Theories of the Autistic Mind. *The Psychologist*, 21, 112–116.

Kapitel 6: Persönlichkeit

Nettle, D. (2007). *Personality. What Makes You the Way You Are*. Oxford: Oxford University Press.

Reicher, S.D. Haslam, A., und Platow, M.J. (2007). The New Psychology of Leadership. *Scientific American Mind*, 18, 22–29.

Rule, N.O. und Ambady, N. (2008). The Face of Success: Inferences From Chief Executive Officers' Appearance Predict Company Profits. *Psychological Science*, 19, 109–111.

Fragale, A.R. (2006). The Power of Powerless Speech: The Effects of Speech Style and Task Interdependence on Status Conferral. *Organisational Behaviour and Human Decision Processes*, 101, 243–261.

Andeweg, R.B. und van den Berg, S.B. (2003). Linking Birth Order to Political Leadership: The Impact of Parents of Sibling Interaction? *Political Psychology*, 24, 605–623.

O'Connor, R.C. und O'Connor, D.B. (2003). Predicting Hopelessness and Psychological Distress: The Role of Perfectionism and Coping. *Journal of Counselling Psychology*, 50, 362–372.

Schwartz, B. (2004). The Tyranny of Choice. *Scientific American*, 290, 70–75.

Kihlstrom, J.F. (2005). Dissociative Disorders. *Annual Review of Clinical Psychology*, 1, 227–253.

Alwin, N., Blackburn, R., Davidson, K., Hilton, M., Logan, C., und Shine, J. (2006). *Understanding Personality Disorder: A Professional Practice Board Report by the British Psychological Society*. Leicester: British Psychological Society.

Solms, M. (2004). Freud Returns. *Scientific American*, 290, 82–88.

Anderson, M.C. und Green, C. (2001). Suppressing Unwanted Memories by Executive Control. *Nature*, 410, 131–134.

Kapitel 7: Stress und Angst

Molinari, V., Khanna, P. (1981). Locus of Control and its Relationship to Anxiety and Depression. *Journal of Personality Assessment*, 45, 314–323.

Njus, D.M. und Brockway, J.H. (1999). Perceptions of Competence and Locus of Control for Positive and Negative Outcomes. *Personality and Individual Differences*, 26, 531–548.

At Least 96 Killed in Nightclub Inferno. Februar 2003, cnn.com.

Diagnostic and Statistical Manual of Mental Disorders, Fourth Edition (DSM-IV). American Psychiatric Association.

LeDoux J. (1998). Fear and the Brain: Where Have We Been, and Where are We Going? *Biological Psychiatry*, 44, 1229–1238.

Skre, I., Onstad, S., Torgersen, S., Lygren, S., und Kringlen, E. (2000). The Heritability of Common Phobic Fear: A Twin Study of a Clinical Sample. *Journal of Anxiety Disorders*, 6, 549–562.

Parslow, R.A., und Jorm, A.F. (2007). Pretrauma and Posttrauma Neurocognitive Functioning and PTSD Symptoms in a Community Sample of Young Adults. *American Journal of Psychiatry*, 164, 509–515.

Benson, H. (1984). *Beyond the Relaxation Response*. New York: Times Books.

Linden, C. (2008). *The Linden Method: The Anxiety and Panic Attacks Elimination Solution*. Idaho: Lifewise Publishing.

Kapitel 8: Schlaf

Goode, E. (2003). When the Brain Disrupts the Night. *NY Times*.

Siegel, J.M., A tribute to Nathaniel Kleitman. www.npi.ucla.edu.

Jarrett, D.B., Miewald, J. M., und Kupfer, D. J. (1990). Recurrent depression is associated with a persistent reduction in sleep-related growth hormone. *Archives of General Psychiatry*, 47, 113–118.

Rochlen, A.B.; Ligiero, D.P.; Hill, C.E., und Heaton, K.J. (1999). Effects of Training in Dream Recall and Dream Interpretation Skills on Dream Recall, Attitudes, and Dream Interpretation Outcome. *Journal of Counseling Psychology*, 46, 27–34.

Rosenfeld, M. (November 1998). Van Gogh's Madness The Diagnosis Debate Lives On *Washington Post*.

Martinez, R. (2007). Changing a Nightmare's Script. (The Dream Zone). *Addiction Professional*, 5, 42.

Wood, S. und Bettman, J. (2007). Predicting Happiness: How Normative Feeling Rules Influence (and Even Reverse) Durability Bias. *Journal of Counseling Psychology*, 17, 188–201.

Coren, S. (1996). *Sleep Thieves*. New York: Simon and Schuster.

Dank

Dr. Christian Jarrett ist Gründer und Redakteur des von der British Psychological Society ausgezeichneten Wissenschaftsblogs Research Digest und Redakteur des Magazins *The Psychologist*. Er hat *The Rough Guide to Psychology* geschrieben, die *30-Second-Psychology* und hat in *New Scientist*, *Wired*, *The Times*, *The Guardian* und anderen Medien publiziert. Von ihm stammen die Einleitung, Kapitel 1, 2, 3, 5 und 6 und die Übungen.

Er ist bei Twitter @Psych_Writer.

Christian ist seiner Frau Jude und seiner Mutter Linda für ihre Unterstützung und vor allem für den Glauben an seine Fähigkeiten dankbar. Er möchte sich bei James Evans bedanken, der ihn an Bord geholt hat, bei James Beattie für das Projektmanagement und Matt Pagett für seine lustigen Illustrationen (in der überarbeiteten Version von Tony Seddon). Den Psychologen, die all die Experimente durchgeführt und Theorien aufgestellt haben, die auf diesen Seiten zu finden sind, spricht Christian seinen Respekt für ihre harte Arbeit und ihre Kreativität aus.

Joannah Ginsburg ist Psychotherapeutin. Sie hat sich unter anderem um Überlebende aus dem World Trade Center nach den Anschlägen gekümmert. Sie hat Berufserfahrung in Privatpraxen, Kliniken, Krankenhäusern und Schulen überall in den USA gesammelt. Ihre Spezialgebiete sind neben dem Stressmanagement Anspannung, Depression, betriebliche Beratung und Eheprobleme. Sie veröffentlicht Features für den *Wall Herald* und regelmäßige Beiträge in psychologischen Publikationen und Newslettern. Joannah steuerte die Kapitel 4, 7 und 8 bei.

Joannah dankt allen Menschen, die sie als Therapeutin in ihr Innerstes vorgelassen haben dafür, dass sie von ihnen lernen durfte. Keyvan und ihrer Familie ist sie für deren Unterstützung und Geduld dankbar, ihren Kollegen bei Lifeworks Counseling für deren kreative Energie und gute Zusammenarbeit, außerdem Steve Nixon, jetzigen und früheren Förderern, James Evans und James Beattie von Quid Publishing für dieses Projekt, das Rahmenkonzept und die Inspiration.

Illustrationen